HERBERT
SCHEURING

Mit der
Trauer
leben

Von Abschied und Neubeginn

W0086795

Fotonachweis:

Theresa Müller	(Seite: 20, 30, 40, 50, 70, 80, 100
	110, 120, 180, 200, 210, 220, 230
	240, 250, 260, 270, 280)
Siegfried Farkas	(Seite: 90, 140)
Ivo Knahn	(Seite: 150)
Stefan Pompetzki	(Seite: 60)
Norbert Schwarzott	(Seite: 170)
dpa	(Seite: 10 und Titelfoto)
MEV Verlag	(Seite: 130)
Privat	(Seite: 160, 190)

ISBN 978-3-429-02960-0

© Main-Post, Würzburg 2007

4. Auflage 2011

Mediengruppe Main-Post GmbH

Autor: Dr. Herbert Scheuring

Konzeption und Gestaltung:

Rainer Sterzbach, Wiebke Höpfert

Druck und Weiterverarbeitung:

Konrad Triltsch, Ochsenfurt-Hohestadt

Inhaltsverzeichnis

Vorwort 8

Er ist immer noch irgendwie bei mir
(Tod des Ehemanns) 11

Die Liebe geht nicht verloren 18

In meinem Herzen lebt mein Sohn weiter
(Tod des Sohnes) 21

Vom Trost der Bilder 28

Plötzlich war da nur noch ein riesiges Loch
(Tod der Mutter) 31

Kleine Gesten der Anteilnahme 38

Weihnachten wird nie mehr so sein wie es war
(Tod des Sohnes) 41

Trauern Männer anders? 48

Ich musste das Alleinsein lernen, Stück für Stück
(Tod der Ehefrau) 51

Von Abschied und Neubeginn 58

Ich wollte nie einen neuen Partner
(Tod des Ehemanns) 61

Trauer ist mehr als nur ein Wort 68

Es hat keinen Sinn, nach dem Warum zu fragen
(Tod der Ehefrau) 71

Wenn die Eltern sterben 78

Im Himmel muss es einen Garten geben
(Tod der Eltern) 81

Vorwürfe und Schuldgefühle 88

Ganz werde ich es wohl nie verstehen
(Tod des Sohnes) 91

Alle Dinge bergen Erinnerungen 98

Die Zeit heilt nicht alle Wunden
(Tod des Ehemanns) 101

Die Gabe der Sprache 108

In mir war eine totale Leere
(Tod der Ehefrau) 111

Vom Trost der Gemeinsamkeit 118

Dieses Loslassen tut entsetzlich weh
(Tod des Ehemanns) 121

Wenn Fußball untröstlich macht 128

Ich hätte ihr gerne noch so vieles gesagt
(Tod der Tochter) 131

Liebe und Leben nach dem Tod 138

Ich will weiterleben im Sinne meines Mannes
(Tod des Ehemanns) 141

Begleitung in der Trauer 148

Kein Tag vergeht, an dem ich nicht an ihn denke
(Tod des Sohnes) 151

Gute und schlechte Ratgeber 158

Der Faden, der uns verbindet, reißt nicht ab
(Tod der Ehefrau) 161

Trost und Rat aus dem Internet 168

So eine Beziehung werde ich nie wieder haben
(Tod des Ehemanns) 171

Wie Leid das Leben verändert 178

Ich dachte, sie wären immer für mich da
(Tod der Adoptiveltern) 181

Die Zeit ist kein Allheilmittel 188

Tränen hatte ich damals keine
(Tod der Eltern) 191

Von Trauer und Depression 198

Ich hatte Angst vor jedem neuen Tag
(Tod der Ehefrau) 201

Angst und Wut in der Trauer 208

Es war, als ob auf meinem Herzen ein Stein liegt
(Tod der Mutter) 211

Die Antwort ist Liebe 218

Trotz des Verlusts bleibt ein großes Plus
(Tod des Sohnes) 221

Über die Sentimentalität 228

Ich würde gerne mit ihm über alles reden
(Tod des Ehemanns) 231

Wenn die Worte fehlen 238

Meine Lebenskraft war plötzlich wie weggeblasen
(Tod der Tochter) 241

Was Trauernde trösten kann 248

Langsam fülle ich mich wieder mit Leben
(Tod des Ehemanns) 251

Über den Tod hinaus 258

Sie hatte immer ein so schönes Lächeln
(Tod der Tochter) 261

Der Sinn des Lebens 268

Ich glaube, dass ich sie wiedersehen werde
(Tod der Ehefrau) 271

Der Weg durch die Trauer 278

Die Sehnsucht ist über all die Jahre geblieben
(Tod der Tochter) 281

Vorwort

Nach dem Tod eines geliebten Menschen ist oft nichts mehr wie zuvor. Die Trauer lässt vieles, was einst wichtig schien, in den Hintergrund treten. Mit der Trauer zu leben, fällt vielen unsagbar schwer. Manchen erscheint es anfangs unmöglich. Zu groß ist der Schmerz, der plötzlich das Leben verdunkelt. Und die Hoffnung, dass es irgendwann wieder heller werden könnte, ist oft sehr klein. Wie kann es trotzdem gelingen, mit der Trauer zu leben? Diese Frage habe ich vielen Menschen gestellt, und ich habe ganz unterschiedliche Antworten erhalten.

Dieses Buch vereint die Texte meiner Artikelserie »Mit der Trauer leben«, die zwischen November 2005 und November 2007 veröffentlicht wurden. Ich habe für diese Berichte zahlreiche Betroffene befragt, die mir erzählten, wie die Trauer ihr Leben verändert hat: Frauen und Männer, deren Lebenspartner gestorben sind; Mütter und Väter, die um ein Kind trauern; Erwachsene, die den Tod der Eltern oder eines Elternteils beklagen. So unterschiedlich all diese Menschen sind und so unterschiedlich die Art des Todes war, die ihrem Verlust vorausging – Tod durch Krankheit, durch einen Unfall, durch Suizid oder durch Drogen – eines verbindet sie alle: die Trauer um eine geliebte Person.

All den Menschen, die mir von ihrer Trauer erzählten, bin ich zu Dank verpflichtet. Ohne ihre Bereitschaft, mich an ihren Erfahrungen und ihrer persönlichen Lebensgeschichte teilhaben zu lassen, hätte ich dieses Buch nicht schreiben können. Bei einigen meiner Gesprächspartner lag der Tod des Menschen, um den sie trauern, erst wenige Monate, bei anderen schon mehrere Jahrzehnte zurück. Einige fanden Trost im Glauben, andere nicht. Einige versuchten allein oder mit Hilfe von Freunden und Angehörigen ihre Trauer zu bewältigen, andere suchten darüber hinaus Hilfe und Trost in Trauergesprächskreisen, Selbsthilfegruppen oder zum Beispiel einem Internet-Forum für Verwitwete. Es gibt keinen allein seligmachenden Weg durch die Trauer, auch wenn einige Glaubensvertreter, Therapeuten oder andere professionelle Begleiter diesen Eindruck zu erwecken versuchen. Es ist in der Trauer wie sonst im Leben auch: Für jeden Menschen ist jeweils das am besten, was ihm hilft, was ihm guttut.

Dieses Buch kann kein Rezept gegen die Trauer anbieten. Aus einem einfachen Grund: Ein solches Rezept gibt es nicht. Aber es zeigt unterschiedliche Wege auf, der Trauer zu begegnen. Es spricht vom Schmerz des Verlusts und von Möglichkeiten des Weiterlebens. Die kleineren Texte, die die einzelnen Lebensgeschichten in diesem Buch miteinander verbinden, greifen Themen auf, die Trauernde immer wieder beschäftigen: Heilt die Zeit Wunden? Wo kann ich Trost finden? Trauern Männer anders als Frauen? Im Mittelpunkt stehen die Porträts von Menschen, die darüber berichten, was sie in ihrer Trauer belastet, aber auch, was ihnen geholfen hat. Die Trauer um einen geliebten Menschen tut weh. Jeder begegnet diesem Verlust auf seine Weise. Wie, davon erzählt dieses Buch.

Herbert Scheuring

Nach dem Tod eines geliebten Menschen ist nichts mehr wie zuvor.

Er ist immer noch irgendwie bei mir

Ulrike D. trauert um ihren Mann, der tödlich verunglückt ist. Er kam bei einem Motorradunfall ums Leben. Ein Schicksalsschlag, der Ulrikes Leben von heute auf morgen völlig veränderte.

Es war ein Sonntag, ein besonders schöner, warmer Herbsttag. Ulrike D. wartete auf die Rückkehr ihres Mannes, freute sich schon auf den gemeinsamen Abend. Sie hatten ihre Nachbarn, gute Freunde, zum Essen eingeladen. Sven, Ulrikes Mann, war am Mittag mit einem Freund zu einer Motorradtour aufgebrochen. Gegen 17 Uhr wollte er zurück sein. Als es langsam dunkel zu werden begann, fragte sich Ulrike: Warum kommt er denn nicht endlich? Sie wurde unruhig, aber Angst hatte sie keine. Sven würde bestimmt gleich kommen, jetzt, wo es schon fast dunkel war. Ihren Nachbarn rief sie noch zu: »Ihr müsst euch nicht beeilen, der Sven ist noch gar nicht da.« Sie versuchte dann, ihren Mann auf dem Handy anzurufen. Aber er meldete sich nicht.

Wenig später an jenem Sonntagabend vor einem Jahr ging plötzlich ein Riss durch die Zeit. Es war, als ob ein Film beginnt, der mit Ulrikes Leben nichts zu tun hatte, in den sie trotzdem hineingezogen wurde, ohne sich dagegen wehren oder weglaufen zu können. Ein Wagen hält leise vor der Haustür. Der Freund, mit dem Sven mittags zu der Motorradtour gestartet war, steigt aus, kommt langsam auf Ulrike zu und sagt nur: »Schlimm. Ganz schlimm.« Ulrike ahnt, was das bedeutet: »Sag es, sag es, ich weiß es ganz genau: Der Sven ist tot.«

Tot, das ist nur ein Wort. Man kann es aussprechen, aber es ist zu groß, um gleich begreifen zu können, was es bedeutet. Vor allem dann, wenn es plötzlich mit voller Wucht in das eigene Leben einbricht. »Es war so, als stünde ich neben mir«, beschreibt Ulrike den Moment, als sie vom Tod ihres Mannes erfuhr und in diesen Film hineingezogen wurde, der von nun an ihr Leben sein sollte. »Ich habe nichts mehr verstanden. Ich habe nicht geschrien, ich habe auch nicht geweint«, sagt sie. Eine Stunde später saß sie auf dem Sofa in ihrem Wohnzimmer, umklammerte noch immer den Putzlappen, den sie schon in der Hand hielt, als sie noch von nichts wusste, als könnte sie damit ein Stück heile Welt festhalten aus jener Zeit, in der ihre Welt noch in Ordnung war. Und in ihrem Kopf kreiste immer wieder die eine Frage: Was soll ich denn jetzt nur tun?

Für Sven konnte sie nichts mehr tun. Er war zu diesem Zeitpunkt schon mehr als vier Stunden tot. In einer scharfen Rechtskurve hatte er die Kontrolle über sein Motorrad verloren und war mit einem Auto kollidiert. Schwere Verletzungen des Brustkorbs und der Lunge hatten seinem Leben ein Ende gesetzt. Ulrike betrachtete später ein Foto vom Unfallort. »Weder am Auto noch am Motorrad waren große Schäden zu sehen. Aber Sven war tot. Weil er so unglücklich gestürzt ist.« Die Unfallstelle hat Ulrike bis heute nicht aufgesucht. Sie hat Angst davor.

Während der Beisetzung war es ihr, als ob es zwei Wirklichkeiten gäbe. Sie blickte auf die Urne: »Ich konnte nicht verstehen, dass Sven da drin sein soll.« Sie hatte sich unter Kontrolle, auch in den Tagen danach. »Ich fiel nicht in ein Loch. Ich war immer noch wie betäubt.« Nach zwei Wochen ging sie wieder zur Arbeit. Ihr Chef meinte es gut und sagte ihr nachmittags oft, sie könne nach Hause gehen, wenn sie wolle. »Aber ich wollte nicht«, erinnert sich Ulrike: »Ich hatte Angst davor. Ich wollte mich beschäftigen. Obwohl es mir sehr schwer gefallen ist, Menschen gegenüberzutreten. Ich war innerlich so verletzt, ohne Halt.« Das Leben ging weiter, doch es war ihr fremd, sie war sich selbst fremd geworden. Ulrike konnte kaum auf

> »Es ist, als hätte er gestern noch neben mir gesessen«
> **Ulrike D.**
> **nach dem Tod ihres Mannes**

andere zugehen. Noch unerträglicher aber war das Alleinsein. Manchmal setzte sie sich ins Auto und fuhr einfach los, um der bleiernen Schwere, die auf ihre Seele drückte, zu entfliehen. Aber sie war nie sehr lange weg. Vor sich selbst kann man nicht davonlaufen.

Zu Hause las sie die Kondolenzbriefe, die sie erhalten hatte, immer und immer wieder. Es half ihr dabei, das Unbegreifliche Stück für Stück an sich heranzulassen. Dass Sven nie mehr zurückkommen würde, wusste sie. Doch glauben konnte sie es trotzdem nicht. »Ich dachte oft: Hier ist so viel passiert, das muss ich unbedingt alles dem Sven erzählen, wenn er wiederkommt«, sagt sie.

Der Schmerz war nicht am Anfang am schlimmsten. Richtig schlimm wurde es ein halbes Jahr später. »Ich spürte eine totale Leere in mir. Früher, wenn ich von der Arbeit nach Hause fuhr, habe ich mich so darauf gefreut, Sven zu sehen. Alles vorbei. Oft habe ich die ganze Fahrt nur geheult.« Ulrike litt nun nicht nur seelisch, sondern auch körperlich. Sie hatte Schmerzen, konnte nicht schlafen. Es gab Momente, da wollte sie lieber tot sein als weiterzuleben. Sie wollte einfach weg sein, um das alles nicht mehr aushalten zu müssen.

Ulrike ist 46 Jahre alt. 15 Jahre lang waren sie und ihr Mann ein Paar. Ihre Beziehung war sehr eng. Sie haben zusammen vieles aufgebaut. Auch das Haus, für das sie geschuftet und gespart, das sie vor fünf Jahren bezogen hatten. Ein schönes Haus. Bezahlt ist es nur zum Teil. »Wir waren so stolz, so glücklich«, sagt Ulrike, »und plötzlich ist dann alles vorbei.« Zur Trauer kamen nun auch finanzielle Sorgen. Aber »das Schlimmste ist das Leben ohne Sven«, sagt Ulrike: »Er war ein so positiver Mensch. Seine Stärke, die Sicherheit, die er mir gab, seine Fröhlichkeit: Das alles fehlt mir. Wo ist das nur alles geblieben?«

Wie ist das Leben, wenn der Partner plötzlich fehlt? »Jeder Sinn ist in Frage gestellt. Man fragt sich, was das alles noch soll«, sagt Ulrike. »Ich will diesen Weg nicht gehen. Aber es gibt keinen anderen. So ist das Leben. Das erdrückt mich manchmal fast.«

Es ist gut, wenn man diesen Weg nicht ganz allein gehen muss. »Ich bin all den Menschen, die mir in meiner Situation beistanden, unendlich dankbar«, sagt Ulrike. Sie war froh, dass sie bei ihren Nachbarn zu jeder Tages- und Nachtzeit klingeln konnte, wenn es ihr schlecht ging. Auch kleine Aufmerksamkeiten erhielten eine große Bedeutung. Ulrike wird nie vergessen, dass ihr der Polizist, der Svens Unfall aufgenommen hatte, zwei Monate später eine Weihnachtskarte schickte, mit einem Gedicht. »Das hat mich sehr berührt und gefreut.«

In der ersten Zeit nach Svens Tod war Ulrike innerlich ganz weit weg. Vieles fällt ihr immer noch schwer. Zum Beispiel, Orte aufzusuchen, an denen sie früher oft

zusammen waren. Oder Einladungen: »Da fällt es besonders auf, dass ich jetzt allein bin, nicht mehr Teil eines
Paares.« Überhaupt jeder Festtag, der plötzlich zur Qual
wird – der erste Geburtstag oder Hochzeitstag, das erste
Weihnachten und Silvester ohne Sven: Wo früher Freude
und Vorfreude war, tut es jetzt nur noch weh.

Das Haus dagegen, das so voller Erinnerungen ist an
die Zeit zu zweit, gibt Ulrike Sicherheit. Sie setzt sich gern
an Svens Schreibtisch. »Ich fühle mich wohl, wenn ich
von seinen Dingen umgeben bin. Das tut mir gut«, sagt
sie. Ulrike spürt weiter eine starke Verbindung zu ihrem
Mann. »Es gibt ja den Spruch: Die Erinnerung ist ein
Fenster, durch das ich dich sehen kann, wann immer ich
will«, sagt sie. Aber es ist mehr als das. »Ich fühle, dass er
mir nahe ist. Viele Details sind so gegenwärtig. Es ist, als
hätte er gestern noch neben mir gesessen.« Wenn es ruhig
ist im Haus, kann sie Sven fast hören, erzählt Ulrike – seine Stimme, wie er telefoniert, oder seine Schritte, wie er
draußen auf der Terrasse vorbeigeht. Die Erinnerungen
sind sehr lebendig. »Ich bin nicht religiös. Früher habe
ich immer geglaubt, wenn jemand tot ist, dann ist er weg.
Aber Sven ist für mich nicht weg. Ich fühle ihn um mich.
Er ist immer noch irgendwie bei mir.«

Ein Jahr ist nun vergangen, seit Sven tödlich verun-
glückte. Der Riss, der damals durch die Zeit ging, geht
nun mitten durch Ulrikes Leben. Das Leben, das sie

jetzt führt, hat sie sich nicht ausgesucht. Aber sie muss es leben. Wenn es wieder sehr weh tut, die Trauer sie zu überwältigen droht, hilft ihr vor allem ein Gedanke: »Sven hätte nicht gewollt, dass ich daran zerbreche.« Ulrike verspürt eine Verpflichtung, dem Leben und ihrem Mann gegenüber: »Ich habe Sven am Grab geschworen, für unsere Träume weiterzuleben. Ich weiß, das kann auf Dauer nicht alles sein. Ich muss auch mein Leben leben. Aber so weit bin ich jetzt noch nicht. Später vielleicht, irgendwann.«

Die Liebe geht nicht verloren

Karin M. vermisst ihren Sohn Patrick, der im Alter von 19 Jahren starb. Er fehlt ihr, und ihre Trauer ist ein langer Weg, wie der folgende Bericht begreiflich zu machen versucht. Doch auch mehr als vier Jahre nach seinem Tod spürt sie, dass etwas geblieben ist, was sie weiter mit ihm verbindet. Es ist nicht nur die Trauer – es ist auch die Liebe, die sie für ihn empfindet.

Menschen, die nicht nur von außen auf die Trauer blicken, sondern sie tief in sich tragen, mit ihr leben müssen, wissen, wie sich der Schmerz anfühlt. Aber sie erfahren oft auch, dass ein geliebter Mensch, obwohl er tot ist, auf eine andere Weise Teil des eigenen Lebens bleibt. Weil er noch immer gegenwärtig ist – in der Erinnerung, in Gedanken und im Herzen. Eine Erfahrung, die vielen Menschen hilft auf ihrem Weg durch die Trauer.

Dennoch werden Trauernde oft mit der Aufforderung konfrontiert, sie müssten die Toten loslassen, sich endgültig von ihnen verabschieden. Viele, die dies raten, meinen es gut, sind davon überzeugt, dass es gut ist, was sie raten. Vielleicht würden sie anders sprechen, wenn sie selbst um einen nahe stehenden Menschen trauern. Manchen mag es wirklich helfen, sich endgültig von einem Toten zu verabschieden. Aber vielen hilft es nicht. Die Aufforderung macht sie eher wütend.

So ging es auch dem Psychotherapeuten Roland Kachler. Als sein 16-jähriger Sohn bei einem Unfall ums Leben kam und er selbst von der Trauer überwältigt wurde, auf die er bis dahin nur von außen geblickt hatte, waren ihm die gängigen Ratgeber keine

Hilfe. »Im Gegenteil, mein Ärger über die Psychologie, über die Trauerratgeber wurde immer größer«, schreibt er in seinem Buch »Meine Trauer wird dich finden«. Die Aufforderung, loszulassen, half ihm nicht dabei, seinen Schmerz zu überwinden. Und er erinnerte sich, dass er selbst früher Trauernden genau dies geraten hatte. »Ich wusste es nicht besser«, schreibt er. »Ich selbst hatte bis dahin keinen eigenen schweren Verlust erlitten und kannte daher die tiefen Gefühle von Trauernden nicht aus eigener Erfahrung.« Sein eigener Schmerz brachte ihn zum Umdenken. Er schrieb daher ein Buch, das nicht zum Loslassen, sondern zum Lieben ermutigt.

Trauernde haben viel verloren, doch die Liebe bleibt ihnen erhalten. Warum sollte man versuchen, sie ihnen auszureden oder wegzunehmen? Der Schmerz der Trauer wird mit der Zeit erträglich, verschwindet irgendwann vielleicht ganz. Aber die Liebe bleibt bestehen.

In liebevoller Erinnerung: Patricks Mutter Karin wird ihren Sohn nie vergessen.

In meinem Herzen lebt mein Sohn weiter

Der Tod eines Kindes ist das Schlimmste, was Müttern passieren kann. Patrick war 19 Jahre alt, als er starb. Mehr als vier Jahre sind seitdem vergangen. Die Trauer holt Patricks Mutter Karin M. immer wieder ein.

Zu den schönsten Stunden in Patricks Leben, die seine Mutter Karin M. immer in Erinnerung behalten wird, zählte ein Nachmittag im Sommer 2000. Karin veranstaltete ein Grillfest im heimischen Garten, ihr Sohn Patrick stand in der Küche und schob Brötchen und Brote in den Ofen. Der 18-Jährige machte gerade eine Bäckerlehre und war stolz darauf, zeigen zu können, was er schon konnte. Karin erinnert sich noch ganz genau daran, wie ihr Sohn in der Terrassentür stand, mit Mehl an den Händen, und über sein ganzes Gesicht strahlte, als er zu ihr in den Garten hinausblickte.

Ein Jahr später war Patrick schon tot. Es ist eine lange Geschichte. Wo beginnen? »Patrick war schon immer mein Sorgenkind«, berichtet seine Mutter. Als er 13 war, begann er die Schule zu schwänzen. Karin, die halbtags arbeitete und sich als allein erziehende Mutter auch um ihre anderen drei Kinder kümmern musste, ging in eine Erziehungsberatungsstelle, sorgte für eine Hausaufgabenbetreuung. Trotz aller Bemühungen gab es immer neue Schwierigkeiten. Doch schaffte Patrick am Ende seinen Hauptschulabschluss und fing eine Lehre als Bäcker an.

Es war sein Traumberuf. Aber er kam mit seiner Arbeit, mit seinem Chef nicht zurecht. Patrick verlor seine Lehrstelle. Auch in einer zweiten Lehre häuften sich die Beschwerden. Ihm wurde fristlos gekündigt. Patrick bewohnte zu dieser Zeit ein Zimmer in Würzburg. Seine Mutter traf ihn dort nie an. Sie hängte ihm Briefe an die Tür, bat ihn, nach Hause zu kommen. Doch er meldete sich nicht. »Er schämte sich, weil er seine Lehrstelle verloren hatte, betäubte sich mit Tabletten und Ersatzdrogen, weil er es anders nicht aushielt«, sagt Karin. »Er konnte unangenehme Wahrheiten nicht ertragen. Lieber zog er sich zurück, bog sich die Wirklichkeit zurecht, machte sich und allen anderen etwas vor.«

Karin hoffte, dass das Leben ihres Sohnes bald in geordneten Bahnen verlaufen würde. Und sie freute sich auf ein großes Familienfest, die Hochzeit ihrer ältesten Tochter. Patrick hatte sein Kommen zugesagt. Doch er kam nicht. Er übernachtete bei einem Freund. Am Morgen des Hochzeitstags lag er tot im Bett. Er starb im Schlaf an der

Unverträglichkeit zweier gleichzeitig eingenommener Tabletten, die Codein und Valium enthielten. Sie verstärkten sich gegenseitig in ihrer Wirkung auf die Atemwege: Patrick hörte im Tiefschlaf einfach auf zu atmen. Vermutlich war er aufgeregt, am Hochzeitstag seiner Schwester nach langer Zeit erstmals wieder der Familie zu begegnen, und nahm deshalb die beruhigenden Medikamente, glaubt Karin.

Was einer der schönsten Tage für die ganze Familie werden sollte, wurde der schlimmste Tag in Karins Leben. Als sie von Patricks Tod erfuhr, war sie starr vor Entsetzen. »Ich dachte nur: Ich muss jetzt stark sein. Ich darf nicht zusammenbrechen. Meine Kinder brauchen mich«, erinnert sie sich. Es war ein schrecklicher Tag, dem viele weitere folgten. Sie musste die Trauer ihrer Kinder auffangen und wusste doch gar nicht, wie sie ihre eigene Trauer aushalten sollte – und das Gerede der Leute. »Zur Trauer kamen Schuldgefühle«, sagt sie. »Ich quälte mich mit der Frage nach dem Warum, mit der Frage, was ich falsch gemacht oder anders hätte machen können.«

> »Es gibt keinen Tag, an dem ich nicht an ihn denke«
>
> **Karin M.**
> nach dem Tod ihres Sohnes

Es war Sommer, das Leben draußen war bunt, hell und fröhlich. In sich selbst spürte Karin nur Dunkelheit und Verzweiflung. Die Trauer schob sich wie eine unsichtbare

Wand zwischen Karin und die Welt um sie herum. Sie wusste nicht, wie sie weiterleben sollte, litt darunter, dass ihr viele Menschen aus dem Weg gingen. »Viele gingen auf die andere Straßenseite, wenn sie mir begegneten, taten so, als ob sie mich nicht sehen«, erinnert sich Karin. Doch ohne Hilfe hätte sie diese Zeit nicht durchgestanden. Es gab Menschen, die für sie da waren. »Unvergesslich ist mir ein Freund, der mit mir zum Bestattungsinstitut ging, die Grabstelle aussuchte; der mir dabei half, Patricks Zimmer aufzulösen, mich in diesen Tagen nicht allein gelassen, meinen Schmerz mit ausgehalten hat«, sagt sie. Einige ihrer Freundinnen kamen häufig vorbei – für ein kurzes Gespräch, um zu sehen, wie es ihr geht. Oder sie boten an, etwas gemeinsam zu unternehmen. Sie verstanden es, wenn Karin ablehnte, und kamen trotzdem immer wieder, boten Hilfe an.

Einmal machte Karin mit einer Freundin eine Radtour. »Wir waren mehrere Tage unterwegs. Ich habe morgens beim Aufstehen geweint, unterwegs beim Radfahren, und ich habe abends geweint«, erzählt Karin. »Meine Freundin hat das die ganze Zeit ertragen. Sie hat mir kein einziges Mal das Gefühl gegeben, ich sei lästig. Es war der größte Liebesdienst, den sie mir erweisen konnte.«

Auch kleine Zeichen menschlicher Nähe spenden manchmal großen Trost. Zum Beispiel die Bemerkung einer früheren Lehrerin ihres Sohnes, die auf der Straße auf Karin zuging und ihr sagte, dass sie Patrick als Schüler sehr gern gehabt habe. »Das hat mir gut getan«, sagt Karin. Ebenso der Brief, den sie am Grab ihres Sohnes fand. Ein Mädchen aus der Nachbarschaft hatte darin ihre Trauer über Patricks Tod in Worte gefasst. Es war wie ein Lichtblick. Karin erfuhr, dass Patrick nicht vergessen ist. Dass sich auch andere mit der Frage quälen, warum alles so enden musste. »Es ist schön zu erfahren, dass es auch außerhalb der Familie Menschen gibt, die ihn vermissen.«

Karins Sehnsucht nach ihrem Sohn ist immer noch groß. Oft hat sie das Bedürfnis, mit ihm zu reden, ihn zu umarmen. Es fällt ihr schwer, sich Fotos von ihm anzuschauen. »Ich habe eine Schublade, da ist alles Mögliche drin: Briefe, die er geschrieben hat, kleine Bastelarbeiten; das anzuschauen, tut weh«, sagt sie. Oft fragt sie sich, was gewesen wäre, wenn. Wenn Patrick jetzt ein glücklicher junger Mann wäre, 24 Jahre alt und eine Partnerin hätte. »Es schmerzt mich, dass er diese Welt ohne Betäubung nicht ertragen hat, dass er nicht die Kraft hatte, zu kämpfen, sich der Wirklichkeit zu stellen und zu leben.«

Auch heute, mehr als vier Jahre nach Patricks Tod, ist die Trauer noch da. Aber nicht mehr jeden Tag. Es ist anders geworden. »Ich kann wieder lachen. Ich bin verletzlicher, aber auch stärker geworden«, sagt Karin. »Ich versuche, Patricks Leben zu verstehen und seinen

Tod zu akzeptieren. Er hat seinen Frieden, und ich fühle auch Frieden in mir. Ich trage Patrick in meinem Herzen weiter. Ich weiß, ihm kann nichts mehr passieren. Ich spüre weiter eine Verbindung zu ihm. Obwohl ich nicht sehr gläubig bin, glaube ich, dass er irgendwo ist und zu mir sagt: ›Das ist doch alles nicht so schlimm. Mir geht es gut.‹«

An Patricks viertem Todestag hat Karin ihrem Sohn einen Brief geschrieben und ihn zu seinem Grab gebracht. Sie schrieb ihm darin, dass sie ihn weiter lieb habe, ihn vermisse; dass sie ihn und manche seiner Verhaltensweisen nun besser verstehen könne; dass sie froh sei, zu wissen, dass er immer zu ihr kam, wenn er Hilfe brauchte, dass ihm klar war, seine Mutter lässt ihn nicht im Stich; sie bat ihn um Verzeihung, falls sie etwas versäumt, ihn ungerecht behandelt habe; und sie versicherte ihm: »Es gibt keinen Tag, an dem ich nicht an dich denke oder durch irgendetwas an dich erinnert werde.«

Nach all dem Leid, das Karin erlebt hat, nehmen nun die positiven Erinnerungen immer mehr Raum ein. Erinnerungen an den kleinen Jungen, der alles über Dinosaurier wusste; an den Teenager, der so gut Basketball spielte, gerne Science-Fiction-Filme sah und Fantasy-Romane las; der mit großen Augen neben ihr saß, als sie sich in Bochum das Musical »Starlight Express« anschauten. Mit ihren Kindern ist Karin im vergangenen Jahr an Patricks Todestag wieder nach Bochum gefahren. Sie gingen zusammen ins Musical. Es war ein schöner Tag, er gefiel ihnen gut. Er hätte auch Patrick gefallen. Es sind so viele schöne Erinnerungen, die nun zurückkommen und das Eis der Trauer durchbrechen.

Patricks Grab hält Karin vorwiegend in Weiß, »denn er mochte nichts Buntes, Auffälliges, so wie er auch selbst oft so still war, nicht auffallen wollte«. Karin trägt ihren Sohn im Herzen. Dort hat er einen festen Platz. Auf seinem Grabstein steht: »Behaltet mich so in Erinnerung, wie ich in den schönsten Stunden meines Lebens bei euch war.«

Vom Trost der Bilder

Trauernde müssen nicht nur mit dem Schmerz leben, der sie nach dem Tod eines geliebten Menschen erfasst. Sie werden oft auch mit Regeln und Vorschriften konfrontiert, die ihnen das Abschiednehmen noch zusätzlich erschweren. Häufig gibt es für Regelungen nachvollziehbare Gründe oder Zwänge, die sie entschuldigen. Manchmal aber sind Vorschriften schlicht unnötig und ärgerlich. Ärgerlich ist zum Beispiel ein Vorfall, der in einem Dorf im Landkreis Kitzingen für Aufregung sorgt. Ein evangelischer Pfarrer verlangt dort von einem Mann, zwei kleine Keramik-Bilder mit dem Antlitz seiner Eltern von deren Grabstein zu entfernen. Die gleiche Aufforderung erging an eine Reihe anderer Bürger, die bereits vor Jahren Bilder geliebter Angehöriger auf deren Grabsteinen anbringen ließen. Der Pfarrer beruft sich auf die »Friedhofsmustersatzung« und seinen Willen, den »Charakter des kirchlichen Friedhofs« zu erhalten.

Warum dieser Charakter durch kleine Bilder auf Grabsteinen in Frage gestellt wird? »Von Lichtbildern geht weder Trost noch Hoffnung aus«, erklärt der Pfarrer. Fotos, Momentaufnahmen aus dem Leben eines Verstorbenen, seien auf Grabsteinen »Zeichen des Nicht-Loslassen-Könnens«. Sie seien eine Flucht vor der Realität des Todes und auf dem Friedhof, einem Ort des pietätvollen Andenkens, störend, weshalb er sie aus seelsorgerischer Sicht ablehne.

Was soll man dazu sagen? Ich will versuchen, es auf freundliche Weise zu sagen, auch wenn es mir in diesem Fall ziemlich schwer fällt. Die Fotos geliebter Menschen sind für viele ein großer Trost in ihrer Trauer. Es ist geradezu absurd, dies abzustreiten oder in Frage zu stellen. Es zeugt nicht von großem Einfühlungsvermögen, wenn ein Seelsorger seine eigene, fragwürdige Auffassung anderen aufzudrängen versucht. Und es verletzt die Gefühle sehr vieler Menschen, die das Andenken verstorbener Angehöriger durch kleine Fotos am Grab ehren. Tröstlich, dass diese Form der »Seelsorge« die Ausnahme ist, nicht die Regel. Und dass es Hinterbliebenen – trotz »Friedhofsmustersatzung« – auf fast jedem Friedhof erlaubt ist, kleine Bilder ihrer geliebten Toten auf Grabsteinen anzubringen, wenn sie dies wünschen.

Jeder hat das Recht, seine Meinung zu äußern. Aber niemand hat das Recht, Trauernden vorzuschreiben, wie sie mit einem Verlust umzugehen hätten. Es gibt zweifellos Dinge, die auf Friedhöfen fehl am Platz sind. Kleine Bilder Verstorbener gehören sicherlich nicht dazu. Das Weiterleben nach dem Tod geliebter Menschen ist schwer genug. Vielen fehlt jedes Verständnis dafür, wenn Bürokratie oder falsch verstandener Glaubenseifer dieses Weiterleben noch zusätzlich erschweren. Mir auch.

Nach dem Tod ihrer Mutter fühlte sich Kerstin allein und ohne Halt.

Plötzlich war da nur noch ein riesiges Loch

Jeder Mensch hat unterschiedliche Beziehungen in seinem Leben. Die Beziehung zur Mutter jedoch ist einzigartig und unersetzlich. Nach dem Tod ihrer Mutter war für Kerstin (Name geändert) nichts mehr wie zuvor.

Das Bild der Mutter hat einen schönen Platz. Es steht im Wohnzimmer auf dem Sideboard, neben dem sich der Blick durch das Fenster weit hinaus in den Garten öffnet. Kerstins Mutter ist im vergangenen Jahr gestorben. Von dem Foto aus, einer Momentaufnahme aus einem 81 Jahre langen Leben, blickt sie ihre Tochter noch immer an, wie damals, als sie noch bei ihr war.

Kerstin ist 45 Jahre alt, glücklich verheiratet und selbst Mutter von vier Kindern. Kerstins Mutter hatte, als sie starb, ein gesegnetes Alter erreicht, wie es so schön heißt. Ein ganz normaler Todesfall also. Ein Verlust, mit dem zu rechnen war, den man bald verschmerzt haben sollte. Das ist leicht gesagt – für andere. Für Kerstin ist es schwer, den Schmerz auszuhalten. Ihre Mutter fehlt ihr, jeden Tag. Verstehen kann das aber kaum jemand. Diese Erfahrung hat Kerstin immer wieder gemacht. »Ich spreche nicht mehr so oft über meine Mutter wie am Anfang. Weil es niemand hören will«, sagt sie. »Aber es tut weh, wenn ein Verstorbener totgeschwiegen wird.«

Mehr als ein Jahr ist nun schon vergangen, seit Kerstins Mutter gestorben ist. Aber was ist schon ein Jahr, wenn plötzlich jemand fehlt, der für das eigene Leben so wichtig und immer da war? Jeder Mensch hat Beziehungen zu unterschiedlichen Personen in seinem Leben – aber nur eine Mutter. Wie wichtig diese Beziehung ist, wird manchmal erst deutlich, wenn sie plötzlich endet.

Kerstin gehört zu jenen Menschen, die es schon vorher wussten. »Ich hatte eine besonders innige Beziehung zu meiner Mutter, 44 Jahre lang«, sagt sie. »Ich traf sie häufig, telefonierte mit ihr, jeden Tag. Ich konnte ihr alles erzählen, sie war immer für mich da. Ein Leben lang.« In den letzten Monaten ihres Lebens, als Kerstins Mutter, die an einer Krebserkrankung litt, bereits sehr geschwächt war, wurde diese Bindung noch enger. »Ein halbes Jahr vor dem Tod meiner Mutter habe ich ihr ein großes Versprechen gegeben«, sagt Kerstin: »Wir sprachen lange über ihre Krankheit und all das, was möglicherweise auf sie und auf mich zukommt. Ich versprach ihr, sie zu mir zu nehmen und zu pflegen, wenn ihre Kräfte nachlassen und sie es will.«

Die Zeit, dieses Versprechen einzulösen, kam schnell. Kerstin pflegte ihre Mutter während ihrer letzten drei Monate zu Hause. »Ich hatte Angst, dass ich es vielleicht nicht schaffen würde, dass Situationen auf mich zukommen, die mich überfordern. Dass ich ihr Sterben nicht ertragen kann.« Aber sie ertrug es. Und sie möchte keinen Tag dieses langsamen Abschiednehmens missen. »Ich bin unendlich dankbar dafür, dass ich ihr in dieser schweren Zeit noch einmal zeigen konnte, was sie mir bedeutet. So konnte ich ein kleines bisschen der Liebe und Fürsorge, die sie mir ein Leben lang geschenkt hat, zurückgeben.«

In den letzten beiden Wochen ihres Lebens konnte Kerstins Mutter keinen Schritt mehr tun. Sie wurde schwächer, von Tag zu Tag. »Je schwächer sie wurde, umso mehr habe ich sie geliebt«, sagt Kerstin.

»Wenn ich darüber sprechen konnte, ging es mir besser«
Kerstin über ihre Trauer nach dem Tod der Mutter

»An ihrem letzten Tag saß ich ununterbrochen an ihrem Bett. Sie konnte nicht mehr sprechen, aber sie konnte mich verstehen. Ich habe ihr gesagt: ›Mama, ich bin bei dir.‹ Das war das Letzte, was ich ihr sagen konnte.«

Als ihre Mutter gestorben war, hat Kerstin nicht geweint. Bis zur Beerdigung funktionierte sie wie ferngesteuert, wie eine Marionette. Nach der Beerdigung kam sie nach Hause, und in ihrem Kopf kreiste von diesem

Zeitpunkt an nur eine einzige Frage: Und jetzt? »Genau in diesem Moment«, erinnert sich Kerstin, »begann meine Trauer.«

Das Chaos der Gefühle, das nun über sie hereinbrach, kannte sie in dieser Intensität bis dahin noch nicht. Alle Erinnerungen des geteilten, gemeinsamen Lebens strömten auf sie ein – die Erinnerungen des kleinen Kindes, des jungen Mädchens, der erwachsenen Frau. Und gerade die besonders schönen Erinnerungen taten besonders weh.

Mit dem Tod der Eltern, besonders der Mutter, endet auch die eigene Kindheit. Für die Mutter bleibt ein Kind immer ihr Kind, auch wenn es längst erwachsen ist. »Es war so, als ob ein Teil von mir, von meinem Leben abgeschnitten worden wäre«, erzählt Kerstin. »Ich fühlte mich allein, wie ein kleines Mädchen, dessen Hand die Mutter auf einmal loslässt, für immer. Wo vorher bedingungslose Liebe war, klaffte plötzlich nur noch ein riesiges Loch.«

»Mir ging es von Tag zu Tag schlechter«, sagt Kerstin. »Ich wusste morgens oft nicht, wie ich aufstehen sollte. Ich tat es nur wegen der Kinder. Ich quälte mich durch den ganzen Tag. Das Sterben meiner Mutter lief wie im Film vor mir ab, jeden Tag aufs Neue. Ich musste darüber sprechen, immer wieder. Wenn ich darüber sprechen konnte, ging es mir besser, weil ich so etwas von meinem

Schmerz loswerden konnte.« Aber darüber sprechen, das konnte sie nur mit wenigen. Oft stieß ihre Trauer auf Verwunderung, oder sie musste sich Bemerkungen anhören, die sie verletzten. Ihre Mutter sei doch alt und krank gewesen,»das war doch schon lange nichts mehr«, sagte man ihr. Wie lange sie denn noch trauern wolle, wurde sie gefragt, das müsse jetzt endlich vorbei sein.

»Das Unverständnis und der Unwille, über das Thema zu sprechen, haben mir weh getan«, sagt Kerstin. »Ich versuchte meine Trauer zu verstecken, damit mir niemand etwas sagen konnte, was mir weh tat.« Sie fühlte sich verlassen, von Gott und der Welt. »Ich konnte nicht mehr in die Kirche gehen«, sagt sie. »Große Worte und nichts dahinter, wenn es darauf ankommt, dachte ich. Ich spürte, ich muss selbst wieder auf die Beine kommen.«

Das ganz normale Leben, das weiterging, betrachtete sie wie durch einen Schleier. »Ich war kaum noch fähig, mich mit anderen Dingen zu beschäftigen. Meine Trauer lag wie ein Schatten über allem. Ich konnte nicht mehr lachen, hatte keine Freude mehr an meinen Hobbys«, berichtet Kerstin. »Ich war wie versteinert, hatte Angst davor, durchzudrehen.«

Der Tod der Mutter hatte ihr Leben verändert – sehr viel mehr, als sie für möglich gehalten hätte. In Gedanken war sie sehr oft bei ihrer Mutter, und sie erinnerte sich an vieles, was diese ihr mit auf den Weg gegeben hatte. Zum

Beispiel an den Rat: »Wenn es dir schlecht geht, dann schau wenigstens, dass das Essen für die Kinder auf dem Tisch steht und die Waschmaschine läuft.«

Es war gut, dass die Familie da war, schon allein wegen der Pflichten, die Kerstin als Mutter hatte. Sie versuchte, sich nicht allzu viel anmerken zu lassen. Aber es war sehr schwer. Sie konnte ihre Traurigkeit nicht verstecken. Sie war zu groß. »Lasst mich trauern«, sagte sie: »Ich werde wieder so, wie ich mal war. Aber ich brauche Zeit!«

Geholfen hat ihr durch diese Zeit ihre Familie, »besonders die Kinder, die mich brauchen. Es sind liebe Kinder«, sagt sie. Oder eine Freundin, die sie überredete, wieder mit ihr im Chor zu singen. Gewünscht hätte sich Kerstin, dass sich andere mehr Zeit nehmen für sie, ihr nicht ausweichen. »Alles, was über einen Pflichtbesuch hinausgeht, menschliche Nähe, die echt ist, nicht nur den Regeln und üblichen Gepflogenheiten zu entsprechen versucht.«

Heute, nach mehr als einem Jahr, hat sich Kerstins Trauer verändert. »Sie ist immer noch da«, sagt die 45-Jährige. »Aber ich weiß jetzt eben: Ich kann mit ihr leben. Am Anfang dachte ich, ich kann es nicht. Es ist immer noch schwer. Aber ich merke, es geht weiter. Ich kann meine Aufgaben erledigen. Es gibt wieder viele Situationen, auf die ich mich freuen kann. Das konnte ich lange gar nicht mehr.«

Die Trauer und das Weiterleben miteinander zu verbinden, ist schwer. Aber Kerstin spürt, dass es ihr mehr und mehr gelingt, der Boden unter ihren Füßen wieder fester wird. Die Sehnsucht nach der Mutter ist nach wie vor stark. »Ich möchte mir diese Sehnsucht auch erhalten. In den Momenten, in denen ich sie vermisse, spüre ich ihre Nähe stärker als sonst.« Es ist auch über den Tod hinaus eine starke Verbindung geblieben zwischen Mutter und Tochter. »Ich frage sie innerlich oft um Rat. Ich habe das Gefühl, dass ein Teil von ihr in mir, ein Teil ihrer Stärke auf mich übergegangen ist.«

Das Bild der Mutter hat nicht nur einen schönen Platz im Wohnzimmer. Es nimmt auch einen wichtigen Platz in Kerstins Herz und in ihrem Leben ein. Es hilft ihr dabei, künftige Aufgaben anzugehen. »Ich arbeite daran, dass ich so stark werde wie sie«, sagt Kerstin: »Und ich spüre eine liebevolle Nähe, die mich nicht verlassen wird.«

Kleine Gesten der Anteilnahme

Beileidsbriefe können für Hinterbliebene nach dem Tod eines geliebten Menschen ein großer Trost sein. Wer schreibt solche Briefe? Verwandte, Freunde, Berufskollegen, Bekannte oder Nachbarn. Ärzte oder das Pflegeteam, wenn der Tod eines Patienten nach längerer Krankheit eingetreten ist, ja wohl eher nicht. Warum eigentlich nicht?

Mit dem Tod eines Patienten endet die Aufgabe der Ärzte. Leider endet zu diesem Zeitpunkt oft auch die Kommunikation mit den Angehörigen. »Plötzlich sind alle Ärzte weg«, beschreibt ein Betroffener die neue Situation. Immer wieder fühlen sich Angehörige eines gestorbenen Menschen von Ärzten und Pflegekräften, die oft um den Schmerz der Hinterbliebenen wissen, in ihrer Trauer allein gelassen. Erwarten sie zu viel?

Die australische Ärztin Silke Collins hat in einer Studie die Kommunikation zwischen Ärzten, Pflegekräften und Angehörigen nach dem Tod eines Patienten untersucht. Für Angehörige, hat Collins herausgefunden, sei es meist wichtig und tröstlich, wenn Ärzte noch einmal Kontakt zu ihnen aufnehmen. Diese Zuwendung drücke Mitgefühl aus und biete die Möglichkeit, noch offene Fragen anzusprechen. »Angehörige sind so dankbar für Briefe«, zitiert sie eine Krankenschwester. In der Regel schreiben Ärzte oder Pflegeteams jedoch keine Beileidsbekundungen, obwohl sie sich vorstellen können, dass dies für trauernde Angehörige tröstlich sein kann. Es gibt viele Möglichkeiten, mit Hinterbliebenen in der Zeit der Trauer in Kontakt zu treten: das Angebot zu einem Gespräch zum Beispiel, ein Besuch, ein Beileidsbrief, eine Karte oder ein Anruf. Selbst wenn der Alltag keine Zeit für einen persönlichen Brief oder Besuch lässt – eine Beileidskarte mit nur wenigen Worten der Anteilnahme ist immer möglich. Es ist ein Zeichen der Ehrerbietung für den Verstorbenen und des Respekts vor der Trauer der Hinterbliebenen.

Versicherungsgesellschaften und andere Organisationen, in denen ein Verstorbener Mitglied war, drücken Hinterbliebenen in der Regel, wenn auch nur in wenigen Worten, schriftlich ihr Beileid aus. Es gehört zum guten Ton, selbst im nur geschäftsmäßigen Umgang miteinander. Ärzte gehen, obwohl sie die Angehörigen eines Verstorbenen persönlich kennengelernt haben, dieser Form der Kommunikation eher aus dem Weg. Es gibt sicher viele Ärzte und Pflegekräfte, die Angehörigen auch nach dem Tod eines Patienten zur Seite stehen – aber noch viel zu wenige. Es wäre schön, wenn mehr den Mut und die Zeit für eine so wichtige Geste im menschlichen Miteinander aufbringen könnten. Es mag sein, dass dies nicht üblich ist. Aber sollte etwas, das hilfreich und heilsam sein kann, nicht üblich werden?

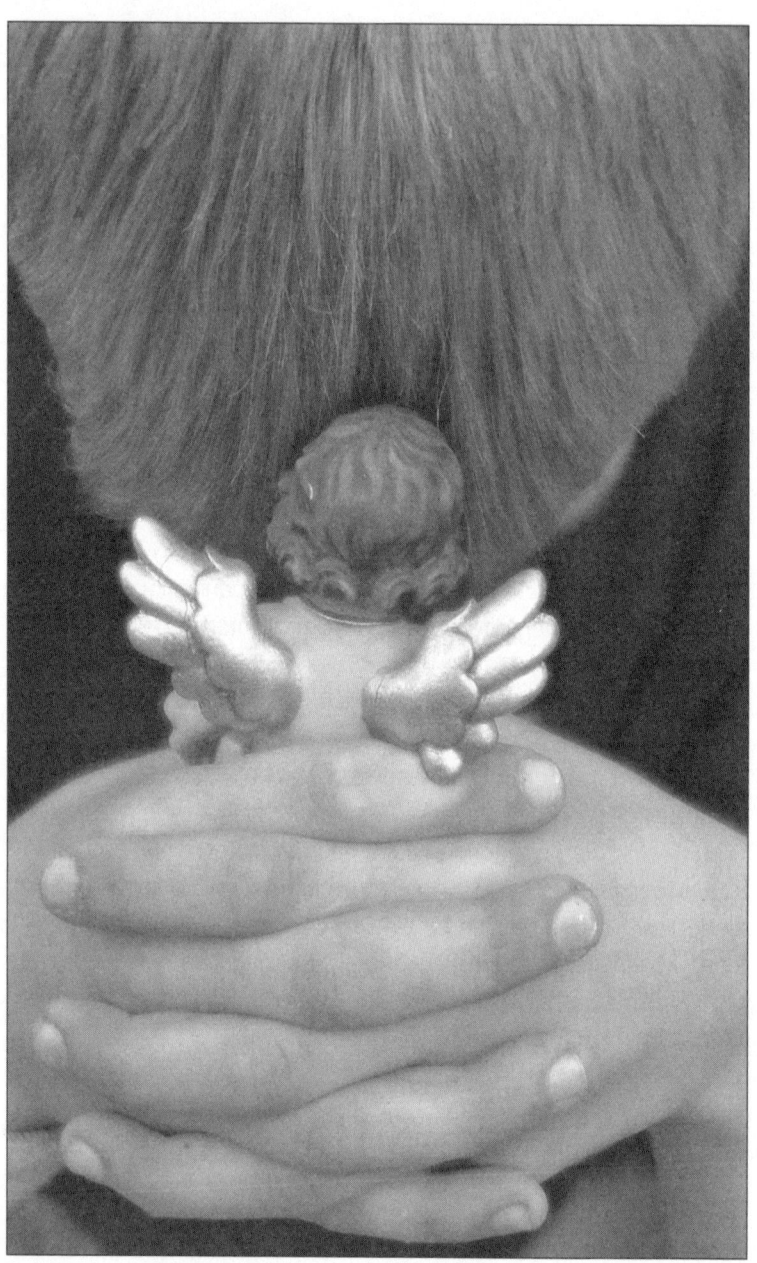

In der Trauer verbinden sich Liebe und Schmerz.

Weihnachten wird nie mehr so sein wie es war

Christian wurde nur 17 Jahre alt. Er starb an einer unheilbaren Krankheit, an der er schon seit seiner Kindheit litt. Für Doris W. brach nach dem Tod ihres Sohnes eine Welt zusammen.

Christian war ein ganz normales, vergnügtes Kind, so wie seine beiden Geschwister. Doch als er vier Jahre alt war, begannen sich seine Eltern darüber zu wundern, dass er oft hinfiel und viel unbeweglicher war als sein 14 Monate jüngerer Bruder. Wenn er die Treppe hinaufging, nahm er jede Stufe einzeln. Seine Eltern ließen Christian untersuchen. Nach einer Reihe von Tests sagte man ihnen, dass ihr Kind an Muskeldystrophie Duchene litt, einer Krankheit, die zu Muskelschwund führt und nicht geheilt werden kann. Als Christian sechs Jahre alt war, also ein Alter erreicht hatte, in dem andere Kinder richtig aktiv werden, saß er schon im Rollstuhl. Nicht, weil er gar nicht mehr laufen konnte. Aber er konnte nur schlecht laufen, und nie sehr lange.

Christians schulische Laufbahn begann auf einer Körperbehindertenschule. Der Junge führte, von seinem körperlichen Leiden abgesehen, ein ganz normales Leben. Seine Eltern liebten ihn sehr, ebenso seine beiden Geschwister. Sie fragten nie: Warum haben wir einen kranken Bruder? Es war eben so. »Er war der Mittelpunkt unserer Familie«, erzählt seine Mutter Doris W. »Wir alle hatten ihn so gern.« Christian fühlte sich wohl zu Hause. Er hatte viele Hobbys. Am meisten interessierte er sich für Fußball, obwohl er selbst gar nicht in der Lage war, Fußball zu spielen. Der FC Bayern München war sein Lieblingsverein. Um ihm eine Freude zu machen, fuhren seine Eltern oft mit ihm zu einem Bundesligaspiel ins Stadion nach München. Das war das Größte für Christian.

Seine Familie versuchte, ihm das Leben so angenehm wie möglich zu machen, denn es war schwer genug. Christian konnte vieles nicht tun, was für andere selbstverständlich war. Fußballspielen zum Beispiel. Und er musste einige schwere Operationen über sich ergehen lassen. Als er 13 war, hatte er nicht mehr die Kraft, alleine zu essen. Er konnte nicht einmal mehr ein Eis in seiner Hand halten.

Christian verlor trotz allem nie seinen Humor und seine Freude am Leben. Er hatte gerne Menschen um sich, und der wichtigste Mensch für ihn war seine Mutter. Sie war fast immer um ihn. Die heute 45-jährige Doris W.

erinnert sich an so viele schöne Momente. Aber auch an schlimme. Zum Beispiel daran, dass Christian sie im Sommer manchmal bat, eine Fliege zu vertreiben, weil er zu schwach war, seinen Arm zu heben. Als Christian 17 war, wog er nur noch 30 Kilogramm. »Wir waren manchmal am Ende unserer Kräfte«, sagt Doris. »Manchmal dachte ich: Ich schaffe das nicht mehr. Mein Kind liegt da, kann kaum noch etwas essen. Ich fragte mich: Warum lässt Gott das zu?«

Weil Christian so sehr für den FC Bayern schwärmte, schrieb seine Mutter an die Aktion »Sternstunden« des Bayerischen Rundfunks und fragte, ob ihr kranker Sohn einmal Stars des Vereins persönlich treffen könnte. Ihre Anfrage wurde an den Verein »Wünsch dir was« weitergeleitet, der

»Christian begleitet mich, egal, wohin ich gehe«
Doris W.
nach dem Tod ihres Sohnes

kranken Kindern Herzenswünsche erfüllt. Einige Zeit später war Christian dann mit seinem Vater und seinem Bruder unterwegs nach München. Seine Mutter wollte auch mit, aber ihr Sohn sagte ihr: »Nein, Mama, du musst dich mal ausruhen und erholen von mir.«

In München schaute Christian dem FC Bayern beim Training zu und traf viele Fußballstars. Nach seinem großen Tag übernachtete er mit Vater und Bruder in einem Hotel in München. Er starb noch in derselben Nacht.

»Ich habe zehn Minuten lang nur geschrien«, erinnert sich seine Mutter an den Moment, als sie die Nachricht erhielt. Sie fuhr nach München. Als sie dort ankam, war Christian schon in die Gerichtsmedizin gebracht worden. Sie durfte nicht zu ihm, durfte ihren Sohn nicht einmal sehen. »Es wurde uns mitgeteilt, dass untersucht werden muss, ob Christian verhungert ist. Wir wurden behandelt wie Schwerverbrecher.«

Vier Tage später wurde der tote Junge von einem Bestattungsinstitut in seinen Heimatort überführt. Jedes Familienmitglied schrieb Christian noch einen Brief und legte ihn mit in den Sarg. Zur Beerdigung ließen Christians Bruder und Schwester zwei Herzen aus roten und blauen Rosen machen, den Farben des FC Bayern, Christians Lieblingsverein. »Er hatte wenigstens einen schönen Tod und zuvor noch einen Herzenswunsch erfüllt bekommen. Das war mir später ein Trost«, sagt Doris.

Später. Am Anfang, als die Trauer sich in ihrem Inneren ausbreitete und alle Helligkeit verschluckte wie die Nacht den Tag, war es anders. »Christian war nicht nur mein Sohn. Er war wie ein Teil von mir. Und plötzlich fehlte dieser Teil von mir.« Die ersten vier Wochen nach seinem Tod ging sie so gut wie gar nicht aus dem Haus – außer zum Friedhof, zweimal am Tag. »Ich konnte kaum noch etwas essen, nur Tee trinken«, sagt Doris. Sie saß oft in Christians Zimmer, das sie unverändert ließ. Sie konnte es nicht fassen, dass er nicht mehr da war. Oft dachte sie: »Es muss doch irgend jemanden geben, der mir mein Kind zurückgibt!«

Alle in der Familie trauerten und versuchten einander, so gut es eben ging, zu helfen. Sie sprachen oft und lange über Christian. Aber Doris bekam ihren Schmerz nicht unter Kontrolle. Sie litt nicht nur seelisch, sondern auch körperlich, hatte heftige Rückenschmerzen, Probleme mit dem Essen, war schließlich auch in psychologischer Behandlung. Ihr Mann sagte ihr nach einem halben Jahr, sie solle mit dem Heulen aufhören, sonst werde sie noch ernsthaft krank. Aber sie konnte nicht einfach damit aufhören. Sie verlor stark an Gewicht, fast 25 Kilogramm.

Als ein Bekannter sie nach längerer Zeit auf der Straße traf, fragte er sie erstaunt, warum sie so abgenommen habe. Doris antwortete: »Weißt du nicht, dass mein Kind gestorben ist?« In der ersten Zeit, als sie so mühsam lernen musste, Christians Tod zu akzeptieren, wurde sie mit manchen verletzenden Äußerungen konfrontiert. Besonders weh tat es ihr, als sie sich anhören musste, sie solle doch froh sein, dass Christian gestorben ist. Er habe doch nur Arbeit gemacht und nichts gehabt vom Leben. »Das stimmte doch gar nicht«, sagt Doris, »er hatte so viel von seinem Leben. Er interessierte sich für so viele Dinge, für Fußball, für Engel, hatte viele Hobbys, schaute gerne Filme, las Bücher, zum Beispiel über die Chinesische Mauer. Und er wurde geliebt von uns allen. Wie kann man da sagen, er habe nichts von seinem Leben gehabt?«

Mittlerweile sind dreieinhalb Jahre vergangen, seit Christian gestorben ist. »Oft denke ich, es ist erst vor vier Wochen passiert«, sagt Doris. »Es ist alles noch so lebendig in mir.« Vieles ist noch sehr lebendig, der tiefe Schmerz der Trauer, so wie er am Anfang war, zum Glück nicht mehr. »Der Schmerz wird heftig nur noch an bestimmten Tagen, bei Familienfeiern, zum Beispiel der Hochzeit meiner Tochter. Da wird besonders deutlich, wie sehr er fehlt«, sagt Doris. »Manchmal denke ich auch: Er ist jetzt irgendwo, ohne seinen Rollstuhl, ohne seine Krankheit. Es tröstet mich, dass er jetzt nicht mehr hilflos ist, nicht mehr unter seiner Krankheit leidet.«

Dennoch vermisst sie ihren Sohn, gerade jetzt. Draußen ist es kalt. Es ist kurz vor Weihnachten. »Weihnachten wird nie mehr so sein, wie es einmal war«, sagt Doris. Ihr fällt wieder ein, wie oft sie zusammen in der Küche waren, wenn sie Plätzchen backte. »Heute sind wir wieder geschafft, die Mama und ich. Wir haben Plätzchen gebacken«, sagte Christian einmal mit trockenem Humor zu seiner Schwester, denn er konnte ja wegen seiner Krankheit überhaupt nicht dabei helfen. »Er fehlt mir«, sagt Doris. »Aber andererseits ist er immer noch irgendwie da in meinem Leben. Er begleitet mich – egal, wohin ich gehe.«

In einem Fotoalbum, das sie nach Christians Tod zusammengestellt hat, steht: »Du bleibst immer ein Teil von uns.« Fotos von Christian stehen überall in der Wohnung. Doris ist dankbar für diese Erinnerungen. Dankbar ist sie auch ihrem Mann, ihren Kindern und vielen ihrer Freunde: »Ich kann mit ihnen über Christian sprechen und sie sprechen mit mir, hören nicht nur zu. So ist er weiter unter uns lebendig.« Auch ein Teil ihrer Verwandten war für sie da. Andere gingen ihrer Trauer aus dem Weg. Das tat weh.

Christians Tod hat vieles verändert, auch Doris' Einstellung zum Leben. »Ich bin anders geworden«, sagt sie. »Ich bin emotionaler geworden, aber auch ruhiger und gelassener. Früher habe ich mich oft über Kleinigkeiten aufgeregt. Das tue ich nicht mehr. Viele Dinge kann ich nicht mehr so ernst nehmen, denn es gibt nichts Schlimmeres, als sein Kind zu verlieren.« Doris hilft es, zu wissen, alles für ihren Sohn getan zu haben während der Zeit seiner Krankheit, die auch die Zeit seines langen, kurzen Lebens war. »Ich bin froh, dass ich 17 Jahre lang Christians Mutter sein durfte«, sagt sie: »Ich möchte das nie im Leben missen.«

Trauern Männer anders?

Nach dem Ende eines Vortrags über Trauer, zu dem mehrheitlich
weibliche Zuhörer gekommen waren, fragte mich einmal ein journa-
listischer Berichterstatter, ob Trauer ein Frauenthema sei. Im ersten
Moment ärgerte ich mich, weil ich nicht verstand, wie man so etwas überhaupt fragen kann. Dann fiel mir der Spruch ein, dass es
angeblich keine dummen Fragen, sondern nur dumme Antworten
gibt, und dass Journalisten oft bewusst provokante Fragen stellen,
um eine griffige Antwort zu erhalten. Ich weiß nicht, ob ich damals
eine solche geben konnte. Ich weiß nur, dass es ziemlich wirklich-
keitsfremd ist, zu glauben, Trauer sei ein Thema, das ausschließlich
oder hauptsächlich Frauen beschäftigt.

Warum aber sind in Selbsthilfegruppen, Gesprächskreisen oder
Vorträgen über Trauer dann vorwiegend Frauen anzutreffen? Es
liegt zum einen ganz einfach daran, dass Frauen meist viele Jahre
länger leben als ihre Männer. Es ist aber sicher auch darauf zurück-
zuführen, dass Männer schmerzliche Gefühle eher verdrängen als
sich ihnen zu stellen. Das heißt aber nicht, dass sie solche Gefühle
nicht haben. Sie gehen nur anders mit ihnen um.

Elizabeth Levang hat in ihrem Buch »Männer trauern anders«
diesen Sachverhalt untersucht. Sie zeigt auf, warum Männer
schmerzliche Gefühle oft verleugnen, überspielen oder unterdrü-
cken. Sie folgert, Männern fehle »eine Sprache für die Trauer«.
Das mag in sehr vielen Fällen so sein. Oft ist es aber auch ganz
anders, wofür sich zahlreiche Beispiele anführen ließen. »Der Weg«
und andere Lieder, die der Musiker und Sänger Herbert Gröne-

meyer nach dem Tod seiner Frau Anna geschrieben hat, sind in ganz Deutschland bekannt geworden. Und die für mein Empfinden bewegendsten Bücher über die schmerzliche Erfahrung der Trauer stammen fast ausnahmslos von Männern: Bücher wie die »Kindertodtenlieder« von Friedrich Rückert zum Beispiel, »Über die Trauer« von C. S. Lewis, »Du fehlst mir so sehr« von Karl Guido Rey, »Der Trauer Worte geben« von Tom Crider oder »Schattenkind« von P. F. Thomése, um nur einige zu nennen.

Auch Winfried B., der mir für den folgenden Bericht von seinem Weg durch die Trauer nach dem Tod seiner Frau erzählte, hat sich – wie viele andere Männer auch – auf seine Weise sehr intensiv mit dem Schmerz des Verlusts auseinandergesetzt. Ist Trauer also ein Frauenthema? Ganz bestimmt nicht. Was für eine dumme Frage.

Nach dem Tod seiner Frau kam das Licht nur langsam in Winfrieds Leben zurück.

Ich musste das Alleinsein lernen, Stück für Stück

Als seine Frau starb, verlor Winfried B. jeden
Lebensmut. Die Trauer ließ ihn lange nicht los.
Die intensive Auseinandersetzung mit dem Verlust
hat ihn selbst und sein Leben verändert.

Mehr als 30 Jahre lang waren Winfried B. und seine
Frau Gabriele glücklich verheiratet.»Wir haben alles gemeinsam unternommen«, sagt Winfried. Sie waren
froh, Zeit zum Leben zu haben, und sie nutzten sie.»Als
die Kinder aus dem Haus waren, verbrachten wir einen großen Teil unserer Freizeit draußen in der Natur, wanderten
oder machten Radtouren.« Bis seine Frau dann plötzlich
sehr krank wurde. Sie war gerade 51 Jahre alt, als bei ihr
FSME, eine durch Zeckenbiss übertragene Virusinfektion, festgestellt wurde. Nach ersten Symptomen wie Fieber
und Kopfschmerzen brach ihr Nervensystem zusammen,
die Atmung setzte teilweise aus. Auf dem Weg in die Klinik fiel sie ins Koma. Als sie aus dem Koma erwachte, begann eine lange Leidensgeschichte. Ganzkörperlähmung,

künstliche Ernährung, maschinelle Beatmung. Verschiedene Therapien, Aufenthalte in zahlreichen Kliniken und auf Intensivstationen. Gabriele B., eine aktive, lebensfrohe Frau, war nun völlig hilflos, auf andere angewiesen. Sie konnte nicht mehr richtig sprechen, ihr Kopf musste gestützt werden. Die Hoffnung, seine Frau könnte wieder ganz gesund werden, war klein, sagt Winfried. Aber diese Hoffnung zumindest hatte er. Nach einer Therapie der aktivierenden Pflege ging es ihr besser. Sie konnte zum Teil wieder selbstständig atmen, mit einer Hand auf dem Laptop Texte schreiben. Drei Jahre nach Ausbruch ihrer Krankheit war ihr Zustand soweit stabil, dass sie nach Hause entlassen werden konnte.

Winfried gab seinen Beruf auf, um sich ganz der Pflege seiner Frau widmen zu können. »Für mich begann eine Zeit der äußersten Anspannung«, berichtet er. Er war rund um die Uhr für seine Frau da. Nachts musste er alle zwei bis drei Stunden aufstehen. Er verständigte sich mit Gabriele über den Computer oder eine Tafel, auf der er Buchstaben zu Wörtern und Wörter zu Fragen zusammensetzte, und sie antwortete ihm durch ein Signal ihrer Augen. »Es war alles sehr anstrengend«, sagt Winfried. »Aber ich habe es gern gemacht. Sie war doch meine Frau.«

Durch die intensive Pflege, die Sorge um seine Partnerin, wurde all das, was beide verband, noch tiefer. Und dann wurde diese Verbindung von einem Moment auf den anderen auseinander gerissen. Im August 2003 starb Gabriele an plötzlichem Herzversagen. »Ich konnte es nicht begreifen«, sagt Winfried, »weil ich die Hoffnung nie aufgegeben hatte. Trotz all der Leiden der vergangenen Jahre kam Gabrieles Tod für mich unerwartet.« Die Verbindung zu seiner Frau sowie ihre Verbindung zum Leben, die er fünf Jahre lang so mühsam aufrechterhalten hatte, war nun auf einmal abgebrochen.

Seiner Frau in der Zeit ihres Leidens nahe zu sein, war eine Aufgabe, die Winfried viel abverlangte. Es war, wie ein Seil zu halten, das immer bis zum Zerreißen gespannt war. Und dann gab es auf einmal nichts mehr zu halten. »Ich wusste, dass meine Frau an ihrer Krankheit, der ganzen Situation litt.

> »Anfangs habe ich mich nur durch den Tag geschleppt«
> **Winfried B.**
> nach dem Tod seiner Frau

Einerseits war ich froh, dass sie nicht mehr leiden musste, als sie gestorben war. Aber der Schmerz über ihren Tod hat alles überlagert«, sagt er. »Sie hat durch ihr Sterben nach ihrer dramatischen Krankheitsgeschichte einen Abschluss gefunden. Aber aus meinem Leben wurde sie herausgerissen.«

Nach Gabrieles Tod kamen die Erinnerungen wie Wellen auf Winfried zu. Besonders präsent war ihm am Anfang die Zeit der zweijährigen Pflege. »Oft wachte ich nachts auf, weil ich das Gefühl hatte, sie braucht mich, sie ruft nach mir.« Auch tagsüber fand er keine Ruhe, ging oft im Zimmer auf und ab. Meist fühlte er sich besser, wenn er nach draußen ging, sich in der Natur bewegte, tief durchatmete. Er machte lange Spaziergänge mit seinem kleinen Hund, dessen Existenz ihm dabei half, die Einsamkeit zu überbrücken, die sich immer wieder von neuem wie ein Abgrund vor ihm auftat.

Winfried versuchte, seinen Tagesablauf zu strukturieren, um die Leere, die ihn umgab, mit Inhalt zu füllen. »Am Anfang habe ich mich nur durch den Tag geschleppt«, sagt er. »Ich musste das Alleinsein lernen, Stück für Stück.« Er achtete auf körperliche Bewegung, gesunde Ernährung, fand langsam auch Freude am Kochen. Er machte sich ganz gezielt Pläne für den Tag, besonders für jene Tage, an denen es noch ruhiger war als sonst – die Wochenenden. Er besuchte Konzerte, Vorträge und andere öffentliche Veranstaltungen, um nicht zu vereinsamen, sich geistig zu beschäftigen und so einen neuen Bezug zum Leben zu finden. Er las viel – vor allem Bücher über Trauer. »Sie halfen mir dabei, meine eigene Situation anzunehmen«, sagt er. Er wollte dem Schmerz nicht ausweichen, aber er wollte auch nicht in ihm versinken, sondern Schritte zurück ins Leben tun.

Es waren kleine Schritte, aber sie hielten ihn in Bewegung, führten ihn weiter – nicht mehr nur im Kreis herum. Nach dem Tod seiner Frau hielten viele Menschen

Abstand zu ihm. »Das tat weh«, sagt er, »aber ich habe es nicht persönlich genommen. Sie wussten wohl einfach nicht, wie sie mit mir umgehen sollten. Man hat mich in Ruhe gelassen, aus Angst und Rücksicht. Ich hätte aber Menschen gebraucht, die mit mir sprechen.« Winfried merkte irgendwann, dass er selbst die Initiative ergreifen musste. »Wenn ich nicht auf andere Menschen zugegangen wäre, hätte ich heute sehr viel weniger Kontakte.«

Aus tiefstem Herzen dankbar ist Winfried für die seelsorgerliche Unterstützung durch eine Ordensschwester, die sich um Trauernde in der Gemeinde kümmert. Nach solchen Besuchen und Begegnungen fühlte er sich besser und ein Stück weit von der Last, die er mit sich herumschleppte, befreit. »Angehört zu werden und Zuspruch zu erfahren, das hat mir gut getan«, sagt Winfried. »Ich habe erlebt, dass Gemeinschaft eine Brücke sein kann für die Verarbeitung der Trauer.«

Winfried hat dann selbst engagiert dabei mitgewirkt, einen Trauer-Gesprächskreis aufzubauen, der sich im Pfarrheim der Gemeinde trifft. Manchmal kommen bis zu 20 Menschen, auch aus Nachbargemeinden, zusammen, um gemeinsam darüber nachzudenken, wie es weitergehen kann. Winfried besucht auch selbst andere Trauernde zu Hause, spricht mit ihnen, gerade in jener Zeit, in der die Sprachlosigkeit in der Regel am größten ist. Er nimmt sich Zeit für Menschen, die noch ganz am Anfang ihrer Trauer stehen, weil er das Bedürfnis hat, etwas von seinen Erfahrungen weiterzugeben. Aus dem Hilflosen ist ein Helfer geworden.

Männer, so die landläufige Meinung, stecken die Trauer leichter weg, reden nicht darüber. Es stimmt zum Teil, aber es ist auch ein Klischee. »Meine Trauer ging so tief, dass ich gar nicht anders konnte, als darüber zu reden«, sagt Winfried. »Männer sind in der Regel mehr in sich gekehrt als Frauen. Auch Männer trauern, aber sie versuchen meist, es zu verstecken.« Dass in Selbsthilfegruppen mehr Frauen als Männer sitzen, hat noch einen anderen Grund: Männer sterben in der Regel früher als Frauen, das heißt: Es gibt mehr Witwen als Witwer.

Winfried ist vor seiner Trauer nicht davongelaufen. Er hat sich ihr gestellt. »Ich beschäftige mich seit dem Tod meiner Frau intensiv mit dem Thema. Das hat mich auch dahin geführt, dass ich mein Leben bewusster gestalte, in dem Wissen: Jeder Tag könnte mein letzter sein.« Gabriele ist aus Winfrieds Leben verschwunden, aber eine Verbindung spürt er weiterhin. »Ich spreche oft in Gedanken mit ihr, stehe am Grab und erzähle ihr von meinem Leben.« 36 Jahre verbrachte Winfried an der Seite seiner Frau. Er ist heute 63 Jahre alt und blickt voller Dankbarkeit auf diese Zeit zurück, aber er blickt inzwischen auch wieder nach vorn. Er zieht Kraft aus seinem Glauben, aber er weiß auch, dass es wichtig ist, an sich selbst zu glauben.

Er hat wieder Freude an seinen Hobbys, zum Beispiel dem Fotografieren. Er kümmert sich um andere, die erst noch lernen müssen, mit ihrer Trauer zu leben. »Es ist seltsam«, sagt er, »aber durch meinen Schmerz habe ich gelernt, mehr auf andere Menschen zuzugehen.«

Vieles hat sich in Winfrieds Leben verändert – auch seine Trauer. »Heute bin ich froh, noch Zeit zum Leben zu haben«, sagt er. »Am Anfang war das anders. Nach dem Tod meiner Frau habe ich mich nur gefragt, was das alles noch soll.« Es gibt zwar auch heute noch Momente, in denen er den Mut verliert. Aber diese Momente gehen vorbei. Sie gehen immer vorbei, auch wenn sie weh tun. »Meine Frau ist nicht mehr da«, sagt Winfried. »Ich wünschte, sie wäre es. Aber sie ist es nicht. Doch ich lebe weiter. Und ich spüre, dass ich auf einem guten Weg bin.«

Von Abschied und Neubeginn

Seit der erste Bericht der Serie »Mit der Trauer leben« in der Main-Post veröffentlicht wurde, haben mir viele Menschen geschrieben und von ihrem ganz persönlichen Verlust berichtet. Es sind Personen unterschiedlichen Alters, die mir schreiben. Frauen, die den Tod ihres Ehemanns betrauern. Ehemänner, deren Leben nach dem Tod ihrer Frau aus den Fugen geraten ist. Eine Mutter, deren Sohn sich das Leben genommen hat. Erwachsene, die von ihrer Trauer nach dem Tod eines Elternteils berichten, oder die den plötzlichen Unfalltod ihres Lebenspartners verkraften müssen.

All diese Menschen, so verschieden sie auch sein mögen, haben eines gemeinsam: Der Tod einer geliebten Person hat ihr Leben verändert. Manchmal liegt der Verlust schon viele Jahre zurück, manchmal erst wenige Wochen. Manchmal sind sie auf ihrem Weg durch die Trauer schon sehr weit vorangekommen, oft stehen sie noch ganz am Anfang. In vielen Fällen kommt nach den Briefen, die mich erreichen, ein persönliches Treffen zustande, auf dessen Grundlage ein neuer Bericht für die Serie »Mit der Trauer leben« entsteht.

Hiltrud M., deren Erfahrungen Thema des folgenden Textes sind – ihren Namen habe ich auf ihren Wunsch geändert – schrieb mir schon vor einiger Zeit. Als ich ihren Brief las, wusste ich, dass ich Hiltruds Geschichte gerne ausführlicher erzählen wollte. Als ich sie fragte, ob sie sich das vorstellen könne, antwortete sie: »Meine Geschichte ist doch überhaupt nicht außergewöhnlich. Warum wollen Sie darüber schreiben?«

Ich bin froh, dass sie sich dennoch zu einem Gespräch bereit erklärte und mir von ihrem Weg durch die Trauer erzählte. Weil er zeigt, wie ein Mensch tiefes Leid erfährt, sich intensiv mit der Situation auseinandersetzt und vielleicht gerade deshalb wieder zu einem erfüllten Leben zurückfindet; weil er zeigt, wie ein Mensch durch eigene schmerzliche Erfahrungen für die Nöte anderer empfänglich wird, einen Teil seiner Lebenszeit nun anderen schenkt und so diese Welt ein klein wenig freundlicher und lebenswerter macht.

Hiltruds Geschichte könnte als Beispiel einer »erfolgreichen Trauerbewältigung« dienen. Das ist ein Begriff, der in Büchern von Therapeuten immer wieder auftaucht. Aber in der Trauer geht es nicht um Erfolg oder Misserfolg. Es geht darum, mit einem Verlust zu leben. Jeder tut dies auf seine Weise, nach seinen Möglichkeiten. Kein Fall ist wirklich mit einem anderen vergleichbar. Aber all diese Geschichten, mögen sie auch noch so unterschiedlich sein, sind es wert, erzählt zu werden. Weil sie zeigen, dass die Trauer ein Weg ist – und nicht das Ende des Weges, wie manche in ihrem Schmerz vielleicht glauben.

Alles scheint plötzlich leer, wenn das Leben zu zweit endet.

Ich wollte nie einen neuen Partner

Nach dem Tod ihres Mannes hatte Hiltrud M. das
Gefühl, ihre Welt sei nun dunkel und leer. Sie sah keinen
Sinn mehr im Leben. Ihr Weg durch die Trauer war lang.
Heute steht sie wieder mitten im Leben.

Ein großer Garten umgibt das Haus von Hiltrud M. (Name geändert). An einem sonnigen Tag im August 1995 goss ihr Mann dort die Pflanzen, lief mit der Gießkanne hin und her. Plötzlich setzte er sich. Hiltrud ging zu ihm, wollte ihm etwas erzählen. Da erst sah sie, dass er seinen Kopf seltsam zur Seite hielt. Er sagte noch: »Ich habe Schmerzen, etwas stimmt nicht.« Dann sagte er nichts mehr. Hiltrud rief den Notarzt. Ihr Mann hatte Gehirnblutungen, wie sie kurz darauf im Krankenhaus erfuhr. Wenige Tage später starb er. Er war 67 Jahre alt.

In den ersten Tagen nach seinem Tod lebte Hiltrud in einer seltsamen Zwischenwelt. Sie wusste, dass ihr Mann gestorben war. Dennoch hatte sie das Gefühl, als wäre er nur gerade nicht da, nur für eine bestimmte Zeit abwesend. Sie spürte seine Nähe noch wie zuvor, wie in all den vielen Jahren, die sie gemeinsam verbracht hatten. »Ich war nicht verzweifelt«, erinnert sich Hiltrud. »Ich hatte das Gefühl, unter Beruhigungsmitteln zu stehen, obwohl ich keine genommen hatte.«

Ihre fünf Kinder, alle schon erwachsen, waren in den ersten Wochen ständig um sie. Die Trauer kam erst über sie, als sie dann zum ersten Mal ganz allein im Haus war. Die bis dahin ungewohnte Stille war plötzlich fast mit Händen zu greifen. Die Trauer kam schleichend, »aber dann saß ich in der Hölle«, sagt Hiltrud. »Das blanke Entsetzen packte mich. Mein Herz raste, ich wusste nicht, wohin mit meinem Schrecken. Ich flehte Gott an, meinen Schmerz zu lindern.« Hiltrud vermisste die Nähe ihres Mannes. »Alle Freude war wie ausgelöscht«, sagt sie. »Ich lachte so gern. Nun war alles dunkel und leer. Ich hatte das Gefühl, dass mein Leben jetzt sinnlos ist. Mein Mann war der Sinn meines Lebens. Und jetzt war er nicht mehr da.«

Hiltrud fehlten vor allem die Gespräche. »Wir konnten immer so gut miteinander reden. Nun ging alles ins Leere.« Aber auf andere Weise – nicht im direkten Gegenüber, sondern tief in sich – spürte sie, dass er ihr weiter nahe war. Statt nur in Gedanken mit ihm zu sprechen, nahm sie ein zufällig herumliegendes Heft und fing an, ihrem Mann Briefe zu schreiben. In den ersten Monaten schrieb sie jeden Tag. Sie schrieb auf, was sie erlebte, wie sie sich fühlte – all das, was sie ihrem Mann erzählt hätte, wäre er noch an ihrer Seite gewesen. Briefe, in denen sie sich ihre Trauer von der Seele schrieb, Stück für Stück. »Dadurch wurde ich innerlich ruhiger, der Schmerz verlor an Schärfe«, sagt Hiltrud. Nach dem Tod ihres Mannes fing Hiltrud nicht nur an, zu schreiben. Sie las viele Bücher über Trauererfahrungen, um herauszufinden, wie andere nach dem Verlust eines geliebten Menschen weiterlebten. Das Lesen und die Gespräche mit anderen Hinterbliebenen halfen ihr. Vom Leid anderer zu erfahren, nimmt den eigenen Schmerz nicht weg. Aber man ist dann eher bereit, ihn anzunehmen, fühlt sich nicht mehr so allein.

> »Ich habe gelernt, dass ich auch stark sein kann«
> Hiltrud M.
> nach dem Tod ihres Mannes

»Mein Mann und ich, wir haben uns sehr geliebt«, sagt Hiltrud. »Als er gestorben war, dachte ich: So sehr wie ich hat vor mir noch niemand geliebt. So tief wie ich können andere gar nicht trauern. Es war ein Irrtum und überheblich, das zu glauben. Ich habe erfahren, dass andere ebenso liebten wie ich, dass ihnen die Trauer genauso weh tut.«

Jeder Mensch begegnet der Trauer – bei anderen. Wer sie nicht selbst erfahren hat, kann sich nur schwer vorstellen, wie sie das Leben derer verändert, die nicht vor

ihr davonlaufen können. Die Trauer, die einen selbst erfasst, ist eine schmerzliche Lektion. Hiltrud erzählt von
einer Frau aus ihrem Bekanntenkreis. Zwei ihrer Kinder
kamen bei einem Unfall ums Leben. »Die beiden waren
mit zweien unserer Kinder befreundet«, sagt sie. »Mein
Mann und ich haben uns oft gefragt, wie ein Mensch so
viel Leid aushalten kann. Ich hatte damals noch keine eigenen Verlusterfahrungen. Es ist mir nicht sehr gut ge-
lungen, zu helfen. Eigentlich hatte ich immer gedacht,
mich gut in andere Menschen einfühlen zu können. Heute weiß ich: In einen Trauernden kann sich nur jemand,
der es selbst erlebt hat, ganz hineinfühlen. Man weiß oft
nicht mal, wie man helfen könnte. Man stellt sich meistens ganz blöd an.«

Wie erging es ihr selbst? »Ich kann mich nicht beklagen«, sagt sie. »Im Gegenteil: Viele Menschen sind auf
mich zugegangen. Ein Bekannter zum Beispiel hat einen
Tag nach dem Tod meines Mannes geklingelt und mir
persönlich sein Beileid ausgedrückt. Früher dachte ich
immer, das darf man nicht, das verletzt die Intimsphäre.
Bei manchen ist es vielleicht so. Aber mir hat diese Anteilnahme gut getan. Das war mir eine Lehre.« Hiltrud
erhielt auch viele Einladungen. Eine Schulfreundin ihres
Mannes besuchte sie oft. Mit ihr konnte sie über alles
sprechen, immer wieder. »Viele haben Angst, über Trauer
zu sprechen. Aber wer trauert, will meistens sprechen.«

Das Alleinsein war schwer. Aus vielen Gründen. »Mein Mann hatte immer für alles gesorgt. Ich musste mich nun um vieles kümmern, was mir fremd war«, sagt Hiltrud. »Einmal hatte ich einen Traum. Ich saß mit meinem Mann in einem fahrenden Zug. Plötzlich öffnete sich eine Tür, und eine Frau fiel hinaus. Ich schrie: Da muss man doch etwas tun! Doch mein Mann lächelte nur und tat nichts. Da wurde mir klar: Ich muss selbst etwas tun. Er ist nicht mehr da. Ich habe dann im Traum die Notbremse gezogen.«

Im wirklichen Leben begann Hiltrud langsam wieder aktiver zu werden – auch wenn es ihr anfangs sehr schwer fiel. Sie spielte wieder Klavier, wie früher. Sie ging zum Essen aus, allein. »Ich setzte mich an einen kleinen Tisch. Er war eingedeckt, für zwei«, sagt sie. »Dann sah ich eine Frau, die auch allein saß. Wir kamen ins Gespräch, setzten uns zusammen. Sie war auch verwitwet. Plötzlich war die Situation entkrampft.« Es waren kleine Schritte. Doch jeder führte sie ein Stück weiter. »Mein Mann war immer der Starke von uns beiden«, sagt sie: »Aber ich habe gelernt, dass ich auch stark sein kann.«

Zwei Jahre nach dem Tod ihres Mannes begann Hiltrud, sich ehrenamtlich zu engagieren. Sie tut es bis heute. »Ich gehe nahezu täglich in ein Alten- und Pflegeheim in der Nachbarschaft. Ich helfe dort bei Festen, bringe Bewohner, die im Rollstuhl sitzen, zur Filmvorführung und zurück, bin bei Singstunden und beim Nachmittagskaffee dabei oder besuche Bewohner in ihrem Zimmer. Dabei entdecke ich so manche Fähigkeiten in mir, von denen ich nichts ahnte«, berichtet Hiltrud. »Die Menschen sind fröhlich, wenn sie mich sehen, und so dankbar. Durch meine Beschäftigung mit alten Menschen war die Sinnlosigkeit, die mich anfangs quälte, plötzlich weg. Es liegt ja so viel Sinn darin, für andere da zu sein.«

Sinn und Halt findet Hiltrud auch in ihrer Familie. Sie hat fünf Kinder und elf Enkelkinder. Sie steht wieder mitten im Leben, schenkt ihre Zeit den Enkeln und den alten Menschen im Heim. »Anfangs dachte ich, ohne meinen Mann habe ich keine Freude mehr am Leben. Heute sehe ich wieder, dass es viele schöne, wichtige Dinge gibt«, sagt Hiltrud. »Ich liebe Menschen. Ich könnte ohne Menschen nicht sein.«

Ihr Mann, den sie am meisten von allen liebte, ist ihr immer noch nah. Hiltrud war 61 Jahre alt, als er starb. »Es war zu schön mit ihm. Deshalb wollte ich nie einen neuen Partner.« Eine innere Verbindung zu ihrem Mann spürt sie weiter. »Ich hatte von Anfang an das Gefühl, dass er seit seinem Tod in mir ist. Daran hat sich nichts geändert. Dass ein Mensch so gegenwärtig bleibt, weiß man ja vorher nicht. Aber es ist eine ungeheuer schöne Erfahrung.« Eine Erfahrung, die ihr Kraft gibt: »Alles Trennende ist aufgehoben. Man ist nun völlig eins mit dem geliebten Menschen. Dass die Liebe weiterlebt, habe ich schon immer gedacht. Dass sie aber in einem solchen Ausmaß bleibt, habe selbst ich nicht für möglich gehalten. Das versuche ich nun oft, Trauernden zu vermitteln, die noch ganz am Anfang stehen.«

Der Schmerz, der Hiltrud in den ersten beiden Jahren nach dem Tod ihres Mannes überfiel, ist verschwunden. Die Freude ist in ihr Leben zurückgekehrt – zwar gedämpfter als vorher, aber sie ist wieder da. »Am Anfang hatte ich das Gefühl, mein Herz verblutet«, erinnert sie sich. »Nach zwei Jahren war es etwas besser, nach drei oder vier Jahren ging es wieder ganz gut. Ich vermisse meinen Mann noch immer. Aber ich kann nun damit leben.«

Hiltrud ist 71 Jahre alt. Zehn Jahre sind nun vergangen, seit ihr Mann gestorben ist. Sie blickt heute nicht mehr im Schmerz, sondern in Dankbarkeit zurück. »Ich träumte immer von einem behaglichen Alter zu zweit«, sagt sie. »Gemeinsam alt zu werden, erschien mir als das Schönste überhaupt. Ich sah immer ein Bild vor mir: Wir saßen auf einem Berg ganz oben am Gipfelkreuz und wollten dann langsam, Hand in Hand, im Abendsonnenschein hinabsteigen. Dazu ist es nicht mehr gekommen. Aber oben waren wir.«

Trauer ist mehr als nur ein Wort

Was ist Trauer? Wer sie erlebt, weiß es ganz genau. Wer nicht selbst den Tod eines geliebten Menschen verkraften muss, weiß es meist nicht. Dazwischen liegen Welten. Dennoch leben die einen wie die anderen nah beieinander, sind Nachbarn, Freunde oder Arbeitskollegen. Wenn der Tod ins Leben tritt, sind die Grenzen der Kommunikation aber oft schnell erreicht. Über Trauer zu sprechen, fällt vielen schwer. Die meisten gehen dem Thema daher aus dem Weg.

Dennoch ist in den Nachrichten und Zeitungen fast täglich vom Tod und von der Trauer die Rede. Nur einige Beispiele: Der Tod von Altbundespräsident Johannes Rau, so war vor einiger Zeit zu lesen, habe im In- und Ausland tiefe Trauer ausgelöst. Der US-Vizepräsident ließ über eine Sprecherin mitteilen, ebenfalls tiefe Trauer über das Erdbeben in einem fernen Land zu empfinden. In tiefe Trauer, so berichteten Sportreporter, seien Fußballfans versunken, nachdem ihre Mannschaft ein wichtiges Spiel verloren hatte. Auch der Verlust von drei wertvollen chinesischen Vasen, die ein Mann versehentlich umgeworfen hatte, habe in dem betroffenen Museum in England große Trauer hervorgerufen, schrieb ein Journalist.

Etwa zur gleichen Zeit, als die tief betrauerten Vasen in dem Museum zu Bruch gingen, war von einem Mann aus dem US-Bundesstaat Florida zu lesen, der durch einen Verkehrsunfall seine sieben Enkel verlor. Schock und Trauer erfassten ihn. Er erlitt eine Herzattacke und starb noch am selben Tag.

Was also bedeutet Trauer, wenn von ihr die Rede ist? Trauer ist offensichtlich ein Wort für ganz verschiedene Dinge. Im Fall der zerbrochenen Vasen steht es für großes Bedauern. Im Fall des Mannes aber, der vom Tod seiner Enkel erfährt, bedeutet es etwas ganz anderes. Es gibt viele solcher Menschen, deren eigene Welt durch den Tod ihnen nahe stehender Personen zerbricht. Menschen, für die Trauer nicht nur eine Worthülse ist, sondern eine sehr schmerzliche Erfahrung, die alles in Frage stellt und ihr Leben verdunkelt – oft für sehr lange Zeit.

Wer um einen geliebten Menschen trauert, erträgt es oft nur schwer, wenn das Wort Trauer für alles Mögliche herhalten muss, wenn der Begriff so oft und gedankenlos verwendet wird, dass er kaum noch etwas aussagt. Was Trauer wirklich bedeutet, wie sehr sie das Leben verändert – das versucht auch der folgende Bericht begreiflich zu machen.

Der Weg aus der Trauer ist oft lang und beschwerlich.

Es hat keinen Sinn, nach dem Warum zu fragen

Hubert O. war 37 Jahre alt, als seine Ehefrau an einer
schweren Krankheit starb. Nach einer langen
Zeit des Abschiednehmens schlug er ein neues Kapitel
in seinem Leben auf.

Im Mai 1999 war die Welt von Hubert O. noch in Ordnung. Das Leben war hell und freundlich. Seine Frau war 33 Jahre alt, die Tochter acht. Die Familie begann gerade, ihr eigenes Haus zu bauen. Huberts Frau Kerstin, selbst berufstätig, kümmerte sich um vieles. Doch irgendwann merkte sie, dass etwas mit ihr nicht stimmt. Sie verlor ständig Gewicht. Nach einiger Zeit ging sie zum Arzt, ließ sich in der Klinik untersuchen. Sie erfuhr schließlich, dass sie an einer Autoimmunerkrankung litt, die langsam das Bindegewebe des Körpers zerstört.

»Wir haben versucht, positiv zu denken«, erinnert sich Hubert. Er und seine Frau wussten, dass die Krankheit zum Tod führen konnte, aber eben nicht zwangsläufig musste. Sie besorgten sich Informationen, besuchten

eine Selbsthilfegruppe und trafen dort Menschen, die
schon zehn oder 15 Jahre mit diesem Leiden lebten. Es
gab also durchaus Hoffnung.

»Wir haben den Gedanken an den Tod verdrängt und
versucht, normal weiterzuleben«, sagt Hubert. Ende 1999
bezogen sie ihr neues Heim. Seine Frau ging weiter zur
Arbeit, unterzog sich Therapien, nahm Medikamente. Ein
halbes Jahr später, Kerstins Blutwerte waren plötzlich
sehr schlecht, wurde Nierenversagen festgestellt, ausgelöst
durch ihre Krankheit. Dreimal pro Woche musste sie nun
zur Dialyse. Zum Jahreswechsel blickten sie dennoch opti-
mistisch nach vorne: »Das Jahr 2000 war nicht gut, sagten
wir, aber das nächste Jahr wird besser«, erzählt Hubert.

Doch es wurde nicht besser. Das Jahr darauf auch nicht.
Aufenthalte in verschiedenen Kliniken, Operationen, tiefe
Sorge und Hoffnung, ein ständiges Auf und Ab. Im Jahr
2003 war Kerstin körperlich dann sehr geschwächt, konnte kaum noch laufen. Als sie wegen Schmerzen erneut in
die Klinik musste, wurde Hubert auf dem Flur von einer
Ärztin angesprochen. Sie sagte ihm: »Sie wissen schon,
dass Ihre Frau im Sterben liegt.« Danach drehte sie sich
um und ging weg, erinnert er sich.

Hubert wurde alleingelassen mit dieser Nachricht. Ihr
Gewicht war sehr schwer, erdrückend. Hubert musste mit
jemandem sprechen. Zu Hause rief er seinen Vater an. »Da
habe ich das erste Mal geheult«, sagt er. Er wandte sich

später auch an den Pfarrer. »Ich musste mal mit jemandem außerhalb der Familie sprechen.« Die behandelnde Ärztin in der Klinik nahm sich wenig später in einem Gespräch mehr Zeit für ihn als zuvor ihre Kollegin, aber Erfreuliches wusste auch sie nicht: »Ihre Frau stirbt, wir können nichts mehr für sie tun.« Jetzt musste Hubert die Hoffnung endgültig begraben. »Ich wusste nun, worauf ich mich einstellen musste und versuchte, den Abschied mit Leben zu erfüllen«, erzählt der damals 37-Jährige.

Er informierte die ganze Familie und verbrachte fortan noch mehr Zeit mit Kerstin als zuvor. Er machte Fotos vom Garten des gemeinsamen Hauses, der gerade frisch angelegt war und grün wurde, um sie seiner Frau im Krankenhaus zu zeigen. »Sie hat sich ganz arg darüber gefreut«, erinnert er

> »Kerstin hatte Humor und ein ansteckendes Lachen«
>
> Hubert O.
> über seine Frau

sich. »Wir konnten noch gut miteinander sprechen, über alles Mögliche – nur nicht über den Tod.« Kerstin wollte es nicht. Dann muss es auch nicht sein, dachte Hubert. Manchmal ist alles klar, ohne dass man viele Worte darüber verlieren müsste, und die Nähe geliebter Menschen ist wichtiger als jedes Gespräch. Und sie ist genug.

Als Hubert spürte, dass es mit seiner Frau zu Ende ging, rief er seine nächsten Angehörigen an, damit sie ins Krankenhaus kommen. Seine Tochter ließ er aus der

Schule holen. Alle waren da, auch der Pfarrer. Gemeinsam beteten sie das Vaterunser. »Meine Frau auch, obwohl sie kaum noch sprechen konnte. Ich nahm sie in den Arm. Sie war ganz ruhig, ihre Atmung wurde immer langsamer. Sie schlief dann friedlich in meinen Armen ein«, sagt Hubert. »So seltsam das klingen mag, aber für alle, die dabei waren, war dies eine gute, mit dem Tod versöhnende Erfahrung. Es gab nichts mehr zu tun, außer einfach da zu sein und den Abschied so schön wie möglich zu gestalten.«

Ein Foto seiner Frau steht auf dem Sekretär im Wohnzimmer, während Hubert von dem langen Abschiednehmen erzählt. Es ist ein Foto aus guten Tagen. Die Bilder aus der Zeit, als es Kerstin schlecht ging, versucht er, aus dem Kopf zu bekommen. Er wird sie nie vergessen, aber es sind Bilder, die ihm nicht weiterhelfen.

»Kerstin war eine starke, lebensfrohe Frau«, sagt er. »Sie war lustig, hatte Humor und ein ansteckendes Lachen. Von ihr habe ich gelernt, mir nicht alles gefallen zu lassen, den Mund aufzumachen. Sie hat auch während ihrer Krankheit noch versucht, am Leben teilzunehmen.«

Zur Beerdigung kamen rund 300 Menschen – neben Verwandten und Freunden auch frühere Studienkollegen, Schulfreunde der damals zwölfjährigen Tochter und viele Leute aus dem Ort. »Das war eine große Hilfe«, sagt Hubert. Er erhielt auch zahlreiche Briefe und Karten mit

Beileidsbekundungen. »Auf vielen Karten stand nur ein Name. Aber andere machten sich wirklich Gedanken, schrieben etwas Persönliches oder suchten ein Gedicht aus, das tröstet. Dafür war ich sehr dankbar. Manche dieser Briefe habe ich immer wieder gelesen.« Als hilfreich empfand Hubert auch viele Anrufe und Einladungen. »Kurz nach Kerstins Tod kam auch unser Hausarzt vorbei, um zu sehen, wie es uns geht und mit uns zu sprechen. Das war schön, weil es eben nicht selbstverständlich ist.«

Hubert O. erfuhr viel Unterstützung. »Mein Chef sagte nach der Beerdigung zu mir, ich solle so lange zu Hause bleiben, bis ich mich in der Lage fühle, wieder zu arbeiten. Ich blieb einige Wochen zu Hause, bei meiner Tochter, und weil viel zu erledigen war. Dann war ich innerlich so weit und ging wieder zur Arbeit.«

Zu Hause war nun alles anders. Wie soll eine Familie funktionieren, wenn die Ehefrau und Mutter plötzlich fehlt? Huberts Tochter Lisa musste am Anfang jeden Tag weinen. Alles war denkbar schwer, aber sie kamen zurecht. Sie waren ja auch all die Zeit zurechtgekommen, in der Kerstin krank war. »Meine Tochter wurde so früher selbstständig als andere Mädchen. Sie musste sich oft alleine Frühstück machen und überhaupt viel Verantwortung übernehmen für ein Mädchen ihres Alters«, sagt er. Vater und Tochter waren bereits ein eingespieltes Team. Das half ihnen auch durch die Zeit der Trauer.

Hubert vermisste seine Frau sehr, vor allem das Gespräch mit ihr. Nach Kerstins Tod musste er sprechen, um seine Gedanken zu ordnen, seine Trauer zu verarbeiten. »Ich habe oft stundenlang telefoniert, mit Freunden, Verwandten. Ich musste immer wieder über Kerstins Krankheit und ihren Tod sprechen.« So hielt er es auch, als er wieder zur Arbeit ging. »Ich ging auf meine Kollegen zu und sagte: Ich möchte euch erzählen, wie es war. Und sie hörten mir zu.« Hubert glaubt, dass er auch deshalb in seiner Trauer von Menschen nicht enttäuscht oder verletzt wurde. »Ich bin bewusst auf andere zugegangen, habe ihnen gesagt: Ihr könnt ganz normal mit mir sprechen, braucht mir nicht aus dem Weg zu gehen.«

Die Begegnung mit dem Tod, sagt Hubert, habe ihn nicht geschwächt, sondern gestärkt. »Vieles, worüber ich mir sonst Gedanken machte, wurde plötzlich unwichtig. Ich bin ein anderer Mensch geworden. Ich rege mich über vieles nicht mehr auf. Ich merkte, was wirklich wichtig ist: Gesundheit. Und ich weiß, wie wichtig menschliche Beziehungen sind.« Es ist eine neue Einstellung zum Leben. »Als Kerstin krank wurde, haben wir gesagt: Wir fragen nicht nach dem Warum. Das hat keinen Sinn, weil wir ja sowieso keine Antwort bekommen. So halten wir es auch jetzt.«

Kerstin ist tot – und dennoch weiter ein Teil seines Lebens. »Ich war heute früh an ihrem Grab«, sagt Hubert. »Ich gehe oft hin, um innerlich mit ihr Zwiesprache zu halten. Ich trage noch meinen Ehering. Ich kann und will ihn auch nicht abnehmen. Er ist ein Zeichen der Verbindung zu meiner Frau.« Einer Verbindung, die stark ist und nicht wegzudenken aus seinem Leben.

Seit einem Jahr hat Hubert, der heute 40 Jahre alt ist, eine neue Partnerin. Es ist die Mutter der besten Freundin seiner Tochter. Sie lebt von ihrem Mann getrennt. Hubert und sie kannten sich schon von früher, durch Begegnungen auf Elternabenden im Kindergarten und in der Schule. Ein Jahr nach Kerstins Tod merkten sie, dass sie mehr füreinander empfanden. Huberts neue Partnerin ist selbst Mutter von zwei Kindern. »Wir fünf verstehen uns alle gut, meine Tochter fühlt sich in diesem Kreis gut aufgehoben. Das ist wichtig, denn sonst wäre es sehr schwierig für mich gewesen, mich auf diese Beziehung einzulassen.«

Hubert hat keine neue Beziehung gesucht. Es hat sich einfach so ergeben. »Für manche kommt eine neue Partnerschaft nicht in Frage. Das kann ich verstehen. Aber mir war von Anfang an klar, dass ich nicht allein bleiben wollte«, sagt er. »Kerstin gehört zu meiner Vergangenheit, sie ist ein Teil meines Lebens und wird es immer bleiben. Aber es ist auch ein Schnitt da, und da beginnt dann etwas Neues.«

Wenn die Eltern sterben

Es schockiert und löst Mitgefühl aus, wenn ein Kind seine Mutter oder seinen Vater schon früh durch eine schwere Krankheit oder einen Unfall verliert. Wenn ein Erwachsener mit dem Tod von Vater oder Mutter konfrontiert und von tiefer Trauer erfasst wird, darf er meist nicht auf allzu viel Verständnis und Rücksicht hoffen. Ein Erwachsener ist ja kein Kind mehr, hat längst seinen eigenen Lebensmittelpunkt gefunden. Außerdem ist es normal, dass alte Menschen sterben. Aber ab wann ist jemand alt? Ab 60, 70 oder doch erst ab 80 Jahren? Und was ist normal? Die Trauer zu spüren und zuzulassen, oder sie zu verstecken?

Die Trauer über den Tod der Eltern kann sehr schmerzlich sein, auch wenn die Kinder dieser Eltern längst erwachsen sind und ihr eigenes Leben leben. Jeder Mensch hat intensive Beziehungen zu ganz unterschiedlichen Personen in seinem Leben, hat Freunde, die ihm sehr wichtig sind. Aber jeder Mensch hat nur eine Mutter und einen Vater. Beide sind unersetzlich. Wie wichtig die Eltern für das eigene Leben waren und oft noch sind, wird manchmal erst dann deutlich, wenn sie sterben.

Auch Erwachsene, die selbst Familie haben, können sich wie Waisen fühlen, wenn Vater und Mutter gestorben sind. Der Abschied von den Eltern ist in gewisser Weise auch der endgültige Abschied von der Kindheit. Mit dem Tod von Vater und Mutter wird die innigste und lebendigste Verbindung zur eigenen Vergangenheit durchtrennt. Die Zurückbleibenden sind von nun an die alleinigen Hüter der Erinnerungen.

In unserer schnelllebigen Zeit soll die Trauer möglichst kurz und schmerzlos abgewickelt werden. Länger anhaltende Trauer nach dem Tod der Eltern wird daher erst recht als störend empfunden. Sie wird allenfalls respektiert. Manchmal nicht einmal das. Wenn Vater oder Mutter sterben, wird von den Hinterbliebenen in noch stärkerem Maße als sonst erwartet, möglichst schnell wieder zur Tagesordnung zurückzukehren. Wer diese Erwartung nicht erfüllt, stößt oft auf Unverständnis.

Diese Erfahrung machte auch Elke B., deren Trauer Thema des folgenden Textes ist. Ihre Eltern starben kurz nacheinander. Elke B. lebte zum Zeitpunkt des Todes ihrer Eltern längst ihr eigenes Leben, und trotzdem war nun plötzlich alles anders. Der Tod von Vater und Mutter stürzte sie in eine tiefe Lebenskrise. Auch wenn es die meisten nicht zeigen: So wie ihr geht es vielen Menschen. Denn die Eltern kann niemand ersetzen.

Im Garten ist Elke ihrer toten Mutter in Gedanken besonders nah.

Im Himmel muss es einen Garten geben

Eltern sind unersetzlich. Elke B. war längst erwachsen, als ihr Vater und ihre Mutter kurz nacheinander starben. Nach dem Tod der Eltern war ihr Leben anders. Mit ihrer Trauer zu leben, fällt ihr immer noch schwer.

Wenn sich Elke B. an ihre Kindheit erinnert und an ihr Elternhaus, in dem sie groß geworden ist, wandern ihre Gedanken zurück in eine Zeit, in der das Leben noch heil war und der Tod keinen Platz hatte. Auch in späteren Jahren, als die heute 40-Jährige schon erwachsen war, hatte sie das Gefühl, aufgehoben und umsorgt zu sein, wenn sie ihre Eltern besuchte. »Mein Vater war immer da, wie ein Fels in der Brandung. Er half mir bei vielen praktischen Dingen. Meine Mutter war fröhlich, sie lachte oft und gern. Sie liebte ihren Garten«, sagt sie. »Bei uns war immer Leben im Haus – und das Lachen meiner Mutter.«

Es war einmal. Elkes Eltern sind im vergangenen Jahr gestorben, kurz nacheinander. Alles begann im Sommer 2004. Elkes Vater musste wegen Komplikationen nach

einer Operation ins Krankenhaus. Zuvor war ihm eine Ge-
fäßprothese eingesetzt worden, um die Durchblutung der
Beine sicherzustellen. Alles schien zunächst in Ordnung.
Doch dann traten Entzündungen auf. Außerdem musste
ihrem Vater ein künstlicher Darmausgang gelegt werden.
Sein Zustand verschlechterte sich. Es folgten sechs Wochen Intensivmedizin. Er kam erst Monate später wieder
nach Hause.»Er musste mit schweren Einschränkungen
leben, war aber zuversichtlich«, sagt Elke.»Wir alle
glaubten, zu zweit schaffen das unsere Eltern schon.«

Nur wenige Wochen später wurde bei Elkes Mutter
eine Krebserkrankung diagnostiziert. Anfangs setzte die
Familie Hoffnung in die Chemotherapie. Bald aber wurde
klar, dass keine Chance auf Heilung mehr bestand. Für
Elkes Vater war der Schock besonders groß.»Er verlor
den Lebensmut, sah keine Perspektive mehr«, erzählt sie.
Eine Erkältung und Wasser in der Lunge führten zu einer
Herzklappenentzündung. Es ging ihm sehr schlecht. Er
musste erneut in die Klinik, eine Operation wurde erwo-
gen.»Plötzlich waren beide im Krankenhaus«, erinnert
sich Elke. Sie hatte große Angst um ihre Eltern. Sie dachte:»Ich sehe das Loch schon vor mir, und wenn sie beide
sterben, springe ich mitten hinein.«

Elke ertrug es nur schwer, ihren Vater leiden zu sehen.
»Es war schlimm«, erinnert sie sich an die Besuche im
Krankenhaus. Ihr Vater lag im Sterben. Und er wollte

sterben, wollte sein Leiden nicht künstlich verlängert sehen. Aber man ließ ihn nicht sterben. »Ihm hat alles nur noch weh getan. Er musste Untersuchungen über sich ergehen lassen, die er nicht wollte. Er wurde schlecht gepflegt, zum Essen genötigt«, berichtet Elke. Sie fragte: »Wie kann man nur so mit einem Menschen umgehen, der stirbt?« Die Oberschwester beschied sie barsch: »Bei uns stirbt niemand!«

Ihr Vater starb, kurz bevor sie ihn mit Einverständnis der Klinik nach Hause holen konnte. Er war 70 Jahre alt. Für Trauer blieb kaum Zeit. »Alles war so unwirklich. Mein Vater war tot, meine Mutter lag im Sterben.« Elke und ihre Geschwister kümmerten sich intensiv um die Pflege der Mutter zu Hause. Doch sie kamen bald an die Grenzen

»Die Trauer kann man nur zum Teil vorwegnehmen«
Elke B.
nach dem Tod ihrer Eltern

ihrer Möglichkeiten, waren sich oft unsicher, was zu tun war. Schließlich fanden sie einen Platz für ihre Mutter in der Palliativstation des Schweinfurter St.-Josef-Krankenhauses. »Wir waren erleichtert, als wir sahen, mit wie viel Liebe und Hingabe man sich dort um sie kümmerte«, sagt Elke.

Ihre Mutter war schon nach kurzer Zeit schmerzfrei. Sie fühlte sich wohl in der ruhigen, wohnlichen Atmosphäre, wirkte entspannt und lächelte. »Hier fühle ich mich wie eine Königin«, sagte sie zu ihrer Tochter. »Dass für meine Mutter so gut gesorgt wurde, war auch gut für mich«, sagt Elke. Es war ein Trost in der Zeit des Abschieds. »Wenn ich aus dem Zimmer ging und weinen musste, war meist jemand da, der mit mir sprach, mich mal in den Arm nahm.« Sie und ihre Geschwister hatten nie das Gefühl, dass sie störten, im Weg standen. Im Gegenteil: »Wir fühlten uns angenommen und nicht mehr allein mit unserem Schmerz und unserer Angst.«

Als Elkes Mutter starb, war viel zu erledigen. Die Zeit stand nicht still. Doch dann kam die Trauer, und Elke stand vor diesem riesigen Loch, das sie schon vor sich gesehen hatte und vor dem es nun kein Ausweichen mehr gab. Der Tod der Eltern traf sie nicht unvorbereitet. »Aber Trauer kann man nur zum Teil vorwegnehmen«, hat sie erfahren. »Richtig schlimm wird es erst, wenn ein Mensch wirklich weg ist. Wenn er krank ist, ist er ja noch da.«

Elke hat ihre Eltern sehr geliebt. Es wurde richtig schlimm, als sie weg waren, als ihr klar wurde, dass ihr Vater nie mehr etwas für sie tun wird, dass sie nie mehr mit ihrer Mutter am Küchentisch sitzen und reden kann. Die Verbindung war nun zerrissen, unwiderruflich. »Nie mehr so wie früher ins Haus meiner Eltern kommen, die Freude auf ihren Gesichtern sehen zu können, das tut sehr weh.«

Der Tod der Eltern bedeutet das Ende der Kindheit. »Ich bin jetzt kein Kind mehr von irgendjemand« sagt Elke. »Viele sagen, wenn man die Eltern verliert, wird man endgültig erwachsen. Das ist Unsinn. Erwachsen war ich auch schon vorher. Aber ich hatte meine Eltern noch. Jetzt habe ich sie nicht mehr.«

Anfangs fühlte sich Elke extrem verletzlich, durchlässig, wie aus Glas. Sie hatte Angst vor dem Leben, zog sich zurück, igelte sich ein. Sie hatte nicht mehr die Energie, über das unbedingt Nötige hinaus Dinge anzupacken. »Normalität habe ich kaum noch ertragen, weil für mich nichts mehr normal war.« Sie war froh, dass ihre Kollegen ihr mit viel Verständnis begegneten. »Das ist so wichtig, wenn es einem schlecht geht.« Sie las viele Bücher über Tod und Trauer, und sie malte – meist großflächige Bilder in den Farben rot, orange und gelb. »Diese Farben verbinde ich mit dem Leben. Es war für mich, wie das Leben zu malen«, sagt Elke.

Geholfen haben ihr zu Beginn ihrer Trauer Träume, in denen ihre Eltern auftauchten. »Ich sah meinen Vater, wie er etwas bastelt, handwerklich arbeitet, oder meine Mutter im Garten, und mich neben ihr. Wir feierten zusammen ein Fest im Grünen, es war sonnig und warm, und ich spürte: Es geht ihnen gut.« Geholfen hat ihr auch ein guter Freund, der sich viel Zeit für sie nahm. »Einmal stand er morgens vor der Tür und hatte Gartengeräte dabei. Wir haben dann von früh bis spät zusammen in meinem Garten gearbeitet. Es war eigentlich nur praktische, körperliche Arbeit, aber für mich wie ein neuer Durchbruch zum Leben.«

Solche Freunde, weiß Elke heute, sind unendlich viel wert, denn viele zogen sich zurück, weil sie mit der Situation nicht umgehen konnten. Sie wollten mit ihr über den Tod der Eltern nicht sprechen. Oder sie sagten Dinge, die ihr weh taten. Einmal musste sie sich sogar anhören, es sei »doch jetzt besser so«, die Eltern seien doch lange krank gewesen, und sie hätte doch nun wieder mehr Zeit für sich. Oder ihr wurde erklärt, man könne »auch zu viel trauern«. Zu viel, zu wenig – wer legt das fest? Elke empfand solche Bemerkungen als anmaßend und verletzend.

Elke vermisst ihre Eltern – und sie spürt ihre Nähe noch immer. »In vielen Alltagssituationen weiß ich genau, was sie sagen, wie sie reagieren würden. Ich hole mir oft Rat bei ihnen. Ich habe das Gefühl, dass es nach dem Tod weitergeht, irgendwie. Eine Seele stirbt nicht, sie ist weiter da.« Das Haus der Eltern liegt an einem Hang, der Friedhof auf der Anhöhe gegenüber. »Meine Eltern haben früher oft gesagt: Irgendwann schauen wir von dort drüben rüber. Jetzt tun sie es.« Wenn sich Elke in ihrem Garten aufhält, denkt sie besonders oft an ihre Mutter, die ihren Garten so liebte. Sie sieht sie noch immer darin: »Im Himmel muss es einen Garten geben«, sagt sie.

In der Trauer vermischen sich oft Schmerz und Dankbarkeit. Schmerz über den Verlust, und Dankbarkeit für all das, was gewesen ist. »Ich bin meinen Eltern dankbar dafür, dass sie mir ein Zuhause gegeben haben, für mich dagewesen sind, mir so viel Gutes vermittelt haben«, sagt Elke. »Sie haben mich gelehrt, ehrlich, sparsam und höflich zu sein. Das bringen heute viele Eltern ihren Kindern nicht mehr bei.«

Das Leben, das für Elke nach dem Tod der Eltern so dunkel geworden war, ist nun wieder heller. Aber wie geht es weiter, kann es weitergehen? »Ich versuche, das riesige Loch, das sich vor mir auftat, langsam wieder zuzuschütten: mit Erinnerungen, positivem Denken und Zielen. Zum Beispiel habe ich eine große Reise geplant, die ich schon lange machen wollte. Ein Ziel zu haben, hilft.«

Ihre Eltern wird Elke immer vermissen. Aber sie spürt, dass sie auf einem Weg ist, der sie langsam aus dem Schmerz herausführt. Der Brief, in dem sie sich mit ihren Geschwistern bei der Palliativstation für die liebevolle Betreuung ihrer Mutter bedankte, endet mit folgenden Worten: »Es kommt die Zeit, da wird auch unser Leben wieder grün, dann werden wir wieder aufatmen. Nicht, weil wir vergessen, was hinter uns liegt, sondern weil wir mit dieser Erfahrung zu leben gelernt haben.«

Vorwürfe und Schuldgefühle

Fast 11 000 Menschen nehmen sich Jahr für Jahr in Deutschland das Leben. Sie sehen ihr Dasein nur noch als Last, sehen keinen Ausweg mehr. Durch Selbsttötungen sterben mehr Menschen als durch Verkehrsunfälle. Eine erschreckend hohe Zahl. Eine Zahl aber, die nichts aussagt über die Gründe, die Menschen dazu bewegen, ihrem Leben ein Ende zu setzen, die nichts aussagt über das Leid der Hinterbliebenen. Rund 60 000 Angehörige sind jedes Jahr unmittelbar vom Suizid eines Menschen betroffen und bleiben mit ihrer Trauer zurück.

Suizid bedeutet Selbsttötung. Die meisten Menschen sprechen von Selbstmord, einige auch von Freitod. Beide Begriffe führen in die Irre. Mord ist etwas Heimtückisches, ein krimineller Gewaltakt. Ein Mensch aber, der sich selbst das Leben nimmt, ist kein Verbrecher, sondern ein Opfer – jemand, dem sein eigenes Leben unerträglich geworden ist. Der Begriff Freitod wiederum unterstellt, dass ein Mensch eine reine Vernunftentscheidung trifft, ohne innere Not. Auch dies trifft nicht zu. Wer sich selbst das Leben nimmt, weiß nicht mehr weiter, sieht keinen Ausweg mehr.

»Bedenkt, den eigenen Tod, den stirbt man nur. Doch mit dem Tod der anderen muss man leben«, schrieb die Dichterin Mascha Kaléko. Die Zeilen beschreiben die Not aller Trauernden – in besonderem Maße aber die jener, die nach dem Suizid eines geliebten Menschen weiterleben müssen. Denn sie werden nicht nur mit dem Schmerz des Verlusts konfrontiert, sondern oft auch von Schuldgefühlen und Gewissensbissen geplagt. Sie machen sich Vorwürfe, auch wenn es für Vorwürfe keinen Grund gibt. Und sie müssen gegen Vorurteile kämpfen, sind – offenen oder verdeckten – Schuldzuweisungen ausgesetzt. Oft reagieren Freunde, Kollegen, manchmal sogar Verwandte mit Ratlosigkeit und gehen Hinterbliebenen aus dem Weg – noch mehr als anderen Trauernden.

Über Selbsttötungen wird viel geredet – doch oft nur hinter vorgehaltener Hand, nicht mit jenen, denen ein ehrliches, anteilnehmendes Gespräch helfen würde. Angehörige eines Suizidopfers brauchen Begleiter, die ihnen zuhören, die ihre Fragen mit aushalten. Trost finden sie oft bei Menschen, die Ähnliches erfahren haben. 1989 wurde bundesweit die erste Selbsthilfegruppe für Angehörige um Suizid (AGUS) gegründet. Mittlerweile gibt es bundesweit mehr als 40 solcher Selbsthilfegruppen (Information im Internet: *www.agus-selbsthilfe.de*). Die regelmäßigen Treffen und Gespräche können für Hinterbliebene eine große Hilfe in der Zeit der Trauer sein. Denn es gibt leider viele Menschen, die sich das Leben nehmen. Und noch mehr, die dann allein mit ihrer Trauer zurückbleiben.

Ein Foto von Karsten hinter handschriftlichen Notizen des 18-Jährigen.

Ganz werde ich es wohl nie verstehen

Karsten W. war gerade erst 18 Jahre alt, als er seinem
Leben ein Ende setzte. Seine Mutter Karin W. trägt
schwer an dem Verlust. Eine Erklärung für den Tod ihres
Sohnes hat sie bis heute nicht.

D ie Meldung in der Zeitung war sachlich und kurz.
Die Ermittlungen, hieß es unter Berufung auf die
Polizei, deuten auf einen weiteren Drogentoten hin. Der
Notarzt konnte nur noch den Tod des jungen Mannes
feststellen, der leblos auf dem Fußboden seiner Wohnung
gefunden wurde. Die Polizei fand Einwegspritzen und
andere Utensilien, am Leichnam waren Einstichstellen
zu sehen. Eine Art Abschiedsbrief lässt darauf schließen,
dass der 18-Jährige seinem Leben mit einer Überdosis
selbst ein Ende setzte.

Der junge Mann, in der Meldung nur ein weiterer Dro-
gentoter, hatte Freunde und eine Familie, die ihn liebte.
Fünf Jahre sind nun vergangen, seit Karsten tot ist. Fünf
Jahre, in denen sich seine Mutter Karin W. immer wie-

der fragte, warum das Leben ihres Sohnes auf diese Weise endete. »Lieber Karsten, wir versuchen Deinen Weg zu akzeptieren«, stand in der Todesanzeige. Leichter gesagt als getan. »Ich suche seit fünf Jahren eine Erklärung. Ich habe vieles noch immer nicht verstanden. Ganz werde ich es wohl nie verstehen«, sagt sie. »Eine Erklärung? Ich habe keine Erklärung.«

Karsten war ein lebensfroher Junge. Er liebte Sport, spielte Tennis, war auch im Fußballverein aktiv. Er las viel, schrieb sich Zitate aus Büchern auf, verfasste Gedichte. Er besuchte das Gymnasium. Eine Lehrerin sagte einmal, er sei vielen anderen geistig weit voraus. »Er hatte keinerlei schulische Probleme – erst, als es mit den Drogen anfing«, sagt Karin. Karsten war beliebt, hatte eine Freundin. »Er hatte keinen Grund, sich mit Drogen zu betäuben. Er hätte alles ganz einfach haben können im Leben.«

Das Fotoalbum, das sie ihrem Sohn zum 18. Geburtstag schenkte, hütet Karin heute wie einen Schatz. Liebevoll hat sie darin Bilder zusammengestellt, Momente aus Karstens 18-jährigem Leben im Kreis seiner Familie. Karsten als Baby, als kleiner Junge, an seinem ersten Schultag; der Jugendliche, der auf einer Faschingsveranstaltung als Michael Jackson auftrat und tanzte; Karsten bei Familienfeiern oder während gemeinsamer Ferien mit den Eltern. »Zum 18. alles Liebe« schrieb Karin ihrem Sohn auf die erste Seite des Albums, das ihn an sein Zuhause erinnern sollte, denn Karsten lebte zu diesem Zeitpunkt schon in seiner eigenen Wohnung.

Irgendwann hatte er angefangen, Drogen zu nehmen. Er besorgte sich Rauschmittel unterschiedlicher Art. Er bekam dann auch Probleme mit der Polizei, stand einmal sogar vor Gericht. Aus Gedichten und Texten, die er verfasst hat, geht hervor, dass Karsten von einer anderen Welt träumte. »Er hat mit seinem Leben gespielt und durch die Drogen versucht, in diese andere Welt zu kommen. Irgendwie hat er immer diese Grenze gesucht«, sagt Karin. »Er veränderte sich, entfernte sich immer mehr von uns. Er konnte auf einmal sehr verletzend sein. Unseren Rat nahm er nicht mehr an, unsere Welt bedeutete ihm nichts mehr. Das Zusammenleben mit ihm wurde unmöglich. Die eigene Wohnung erschien uns als letzte Chance.«

»Die meisten Menschen gingen uns aus dem Weg«
Karin W.
nach dem Tod ihres Sohnes

Karsten stand nun unter Aufsicht des Jugendamts. Seine Eltern trafen sich regelmäßig mit ihm und seinem Betreuer. Aber Karsten lebte in seiner eigenen Welt, zog sich immer mehr zurück. »Natürlich machten wir uns Sorgen. Aber nie hätten wir gedacht, er könnte sich das Leben nehmen.« Eines Abends im April klingelte es unten an der Haustür. Durch die Sprechanlage hörte Karin nur lautes Weinen. Es war Karstens Freundin. Sie hatte ihn tot in seiner Wohnung gefunden und war mit ihrer Mutter gekommen, um die Nachricht zu überbringen. Karin hörte, ihr Sohn sei tot, aber sie verstand die Bedeutung der Worte nicht. Die Trauer kam erst später – und lässt sie bis heute nicht los.

Bei Karstens Beerdigung war die Kirche bis zum letzten Platz gefüllt. Dem Pfarrer, der Karsten gut gekannt hatte, standen die Tränen in den Augen, erzählt Karin. Die Anteilnahme war groß. Nach dem Tag der Beisetzung wurde es sehr still. »Diese Stille war bedrückend. Die meisten Menschen waren sprachlos, gingen uns aus dem Weg. Meist waren da nur mein Mann, mein jüngerer Sohn und ich, sonst niemand. Kaum jemand wusste, was er uns sagen sollte. Auf der Straße wurde ich zwar gegrüßt, aber mehr auch nicht«, erinnert sich Karin. »Ich war nervlich am Ende. Es hat körperlich richtig weh getan. Ich konnte lange nicht zur Arbeit gehen. Ich wartete, dass die Zeit endlich vergeht, weil es immer heißt, die Zeit heile alle Wunden. Aber das stimmt nicht, sie tut es nicht – bis heute nicht.«

Fünf Jahre sind seit Karstens Tod vergangen. Eine lange Zeit. Aber in der Trauer ist die heute 43-Jährige noch immer gefangen wie in einem Spinnennetz. Die finstersten Stunden, sagt sie, habe sie überwunden. Aber es fällt ihr immer noch schwer, Worte zu finden für den Schmerz, der in ihr bohrt und den sie, wie sie fürchtet, nie mehr ganz los wird. Der Tod ihres Sohnes hat ein riesiges Loch in ihr Leben, das der ganzen Familie gerissen. Sie und ihr Mann seien sich im Schmerz über den Verlust noch näher gekommen, aber trotzdem sei das Familiengefüge gestört, sagt sie. »Wenn Karsten nur gewusst hätte, welches Leid sein Tod uns zufügt. Aber darüber hat er wohl einfach nicht nachgedacht.«

Manchmal ist Karin wütend auf ihren Sohn, dann wieder fühlt sie sich schuldig. Besonders am Anfang wurde sie oft von Schuldgefühlen gepackt. »Ich war verzweifelt, weil ich bei unserem letzten Treffen einfach nicht gemerkt habe, wie schlecht er sich gefühlt haben muss. Wenn ich mir vorstellte, was er in seinen letzten Tagen, Stunden, Minuten durchgemacht hat, wie einsam, verlassen und verzweifelt er war, hätte ich schreien können.« Das Gefühl, versagt zu haben, ließ sie lange nicht los. »Immer wieder versuchte ich, zu verstehen, warum ich es nicht schaffte, ihn bei uns zu halten. Nach vielen Gesprächen mit meinem Mann, Verwandten und Freunden habe ich mich damit abgefunden, dass ich wirklich nicht mehr hätte tun können. Nach all den Jahren, in denen ich gegen diesen Schmerz gekämpft habe, hat sich mein Schuldenberg verkleinert. Ich habe eingesehen, dass wir machtlos gegen diese Entwicklung waren, dass keine noch so professionelle Hilfe, auch unsere Liebe nicht, Karsten helfen konnte.«

Wenn ein Mensch seinem Leben selbst ein Ende setzt, bleibt Ratlosigkeit zurück. Es gibt auch heute noch viele, die nie über Karstens Tod sprechen. »Manche unserer Bekannten trauen sich nicht einmal seinen Namen auszusprechen«, sagt Karin. Daran hat sie sich gewöhnt. Was sie aber verletzt, sind Bemerkungen von Außenstehenden, die kaum etwas über ihren Sohn wissen, aber für alles eine Erklärung haben.

Eine Erklärung, die hat Karin bis heute nicht. »Ich kann nicht begreifen, warum ausgerechnet mein Sohn auf einen solchen Weg geraten ist und wir ihn mit unserer Liebe und Fürsorge nicht davon abhalten konnten«, sagt sie. »Aber ich kann Karsten heute besser verstehen und verzeihe ihm von ganzem Herzen. Weil ich glaube, dass er einfach nicht anders handeln konnte, dass sein Suizid nicht gegen uns gerichtet war.« Trotzdem tut es weh. Karsten ist aus ihrem Leben verschwunden. Was er aus seinem Leben gemacht hätte, wird sie nicht mehr erfahren. »Wie alle Eltern haben auch wir uns nur das Beste für unsere Kinder gewünscht und dafür viel Gefühl und Kraft eingesetzt. Man verliert den Glauben an sich und an die Welt.«

Manchmal wollte Karin einfach weg sein, um den Schmerz nicht mehr aushalten zu müssen. »Ich habe all die Jahre meine Trauer als einzigen Kampf empfunden«, sagt sie. »Oft dachte ich, ich habe keine Kraft mehr. Aber

ich habe trotzdem auch wieder schöne Momente erlebt
und Erfahrungen gesammelt, die mir Hoffnung gaben
und etwas von dem Schmerz von mir weg nahmen.«
Die Frage nach dem Sinn des Lebens hat sich Karin in
den vergangenen Jahren oft gestellt. Eine Antwort hat
sie nicht gefunden. »In einem Buch habe ich einmal gelesen, dass der Tote seinen Angehörigen zwei grundver-
schiedene Erbschaften hinterlässt«, sagt sie: »Erstens
die Bürde, dass sein Suizid sie für den Rest ihres Lebens
begleiten wird. Das zweite Vermächtnis ist ein Geschenk:
Jede tiefe Beziehung zu einem Menschen öffnet einem
die Augen für Dinge, die das Leben bereichern. Vielleicht
ist das Geschenk an mich, dass ich sensibler für meine
Mitmenschen geworden bin und gelernt habe, dass jeder
Mensch seinen eigenen Weg gehen muss.«

Manchmal ist Karin froh, dass sich Karsten nicht mehr
in dieser Welt quälen muss, die er nicht als die seine akzeptieren konnte. »Ich bin überzeugt, dass es ihm dort,
wo er jetzt ist, besser geht und hoffe, dass er das, was er
hier gesucht hat, dort findet«, sagt sie. »Und ich hoffe,
dass ich das Vermächtnis von Karsten eines Tages annehmen kann. Solange werde ich mich weiter durch mein Leben kämpfen und mich über jeden Tag freuen, an dem ich
merke, dass es trotz allem schön sein kann.«

Alle Dinge bergen Erinnerungen

Wenn ein Mensch stirbt, bleibt vieles zurück: Personen, die ihn geliebt haben, Erinnerungen an gemeinsam verbrachte Zeiten und nicht zuletzt auch persönliche Gegenstände wie Kleider und andere mehr. Dinge, die meist nicht mehr gebraucht werden, aber oft immer noch eine große Bedeutung haben – nämlich für die Trauernden, die zurückbleiben.

In einer kurzen Passage seiner Reise-Erzählung »Acht Stockwerke über der Wirklichkeit« beschreibt der Schriftsteller Peter Haff die Begegnung mit einer Frau, die einige Zeit nach dem Tod ihres Mannes auf eine Kreuzfahrt ging. Sie zeigte ihm Bilder eines Klaviers, das sie aus unterschiedlichen Perspektiven gemalt hatte, immer wieder. Ein Jahr vor seinem Tod hatte ihr Mann dieses Klavier gekauft. Er wollte lernen, das Instrument zu spielen, hatte aber nicht mehr die Zeit dazu. Dieses Klavier war nicht nur ein Klavier, sondern ein Gegenstand, der die trauernde Frau immer an ihren Mann erinnerte – oft auf bedrückende Weise. Als sie dies erzählte, sagte sie plötzlich:»Menschen, die man liebt, müssten, wenn sie sterben, alle ihre Sachen mitnehmen.«

Persönliche Gegenstände eines geliebten Menschen, die nach seinem Tod weiter an ihn erinnern, können ein großer Trost sein, aber auch zur Last werden. Es ist oft schwer, sich von den Kleidern eines gestorbenen Partners oder Kindes zu trennen, denn es sind unersetzliche Erinnerungsstücke. Es kann aber auch bedrückend sein, diese Kleider weiter um sich zu haben, denn sie machen deutlich, dass der geliebte Mensch sie nicht mehr braucht, weil er nie mehr zurückkommt. Manche tröstet es, die persönlichen Gegenstände eines Verstorbenen aufzubewahren und noch lange um sich zu haben. Anderen, bei denen sie nur schmerzliche Erinnerungen hervorrufen, tut es gut, sich von ihnen zu trennen. Ratsam ist es in jedem Fall, sich hierfür Zeit zu lassen. Oft bedauern Trauernde, sich zu schnell von vielem getrennt zu haben. Doch was weggegeben ist, ist unwiderruflich verloren.

Es tut weh, Besitztümer eines geliebten Menschen, der gestorben ist, wegzugeben, denn es ist eine ganz konkrete Auseinandersetzung mit dem Verlust, ein sichtbares Zeichen des Abschiednehmens. Ratgeber, die empfehlen, sich möglichst schnell von allem zu trennen und nur einige wenige Dinge aufzubewahren, sind mit Vorsicht zu genießen. Alle Dinge bergen Erinnerungen. Wann die Zeit dafür gekommen ist, sich von diesen sichtbaren Formen der Erinnerung zu trennen, muss jeder für sich selbst entscheiden.

Bleibende Nähe: Ruth S. mit einem Foto ihres Mannes.

Die Zeit heilt nicht alle Wunden

Ruth S. trauert um ihren Ehemann. Er kam bei einem Unfall ums Leben. Nach mehr als 30 gemeinsamen Jahren war sie plötzlich allein. Die Trauer lässt sie auch Jahre nach dem Tod ihres Mannes nicht los.

Sie hatten noch zusammen zu Mittag gegessen. Dann fuhr Klaus S. in die Autowerkstatt, die seiner Arbeitsstelle angegliedert war. Die Bremsen an seinem Wagen funktionierten nicht richtig. Es war Feiertag, der Beginn eines langen Wochenendes, und er wollte den Schaden am Auto beheben, bevor etwas passiert. Klaus S. kannte sich aus mit Autos. Gegen 15 Uhr wollte er sich mit seiner Frau Ruth in der Stadt treffen. Aber er kam nicht.

Ruth wartete. Plötzlich klingelte ihr Handy. Ein Kollege ihres Mannes meldete sich. Es sei etwas passiert, sagte er, er komme sofort zu ihr. Wenig später saß Ruth neben ihm im Auto, auf dem Weg in die Klinik. Auf der Intensivstation sah sie ihren Mann. Sie erkannte ihn kaum wieder. Das Auto war auf Klaus S. gestürzt, als er darunter lag.

Der Wagenheber hatte versagt. »Er sah furchtbar aus«, erinnert sich Ruth an das Bild, das sich ihr bot und das sie nie vergessen wird. Der Arzt sagte später zu ihr: »Wir wissen nicht, ob er durchkommt, aber es wäre leichter für ihn, wenn er stirbt.« Ruth wollte es nicht hören. Sie wollte nicht, dass ihr Mann stirbt. Wollte nicht, dass die Maschinen, die ihn am Leben hielten, abgestellt wurden. Sie hoffte auf das Unmögliche, saß neben seinem Bett von früh bis spät, fünf Tage lang. Immer wieder hielt sie seine Hand. Bevor er starb, spürte sie, wie er ihre Hand drückte. »Das war sein Abschiedsgruß«, sagt sie.

Ruth blieb zunächst ganz ruhig. Sie stand unter Schock, konnte nicht einmal weinen. Ihre Tochter holte sie aus der Klinik ab. »Man gab mir starke Beruhigungsmittel. Ich habe dann sechs Stunden geschlafen«, erinnert sie sich. »Erst als ich aufwachte, wurde mir klar, was passiert ist. Ich war außer mir, habe gebrüllt, getobt, geschrien.«

Mehr als 30 Jahre lang waren Ruth und Klaus S. ein Paar. 1971 hatten sie sich kennen gelernt, 1974 dann geheiratet. Nun war das gemeinsame Leben zu Ende. Aus und vorbei. Klaus war erst 54 Jahre alt, als er starb. Sie hatten noch viel vor, wollten verreisen, noch einmal was ganz anderes sehen. »Mein Mann sagte: Wir kaufen uns ein Wohnmobil, und dann geht es ab. Die Kinder sind erwachsen, wir nutzen die Zeit, die uns bleibt und machen uns noch ein schönes Leben.« Aus und vorbei.

Bis zur Beerdigung ihres Mannes hatte Ruth fast ständig Menschen um sich. Danach wurde es sehr still. In der gemeinsamen Wohnung hielt sie es kaum noch aus. Alles war noch an seinem Platz so wie zuvor und täuschte das Bild eines heilen Lebens vor, das nicht mehr existierte. Die Stille hatte sich in jeder Ecke eingenistet, füllte alle Räume. Das Alleinsein machte Ruth fast verrückt. »Ich bin oft in die Stadt gefahren, nur damit ich Menschen um mich hatte. Wenn ich dann wieder zu Hause war, fiel mir die Decke auf den Kopf.«

Das Leben war kein Leben mehr. Es war für sie nur noch ein Überleben – ohne Sinn, ohne Ziel. »Ein Jahr lang nahm ich fast jeden Tag Beruhigungsmittel«, erinnert sich Ruth. »Einmal habe ich sogar eine ganze Packung ge-

> »Das Loslassen-Können fällt mir immer noch schwer«
>
> **Ruth S.**
> nach dem Tod ihres Mannes

schluckt. Aber man hat mich noch rechtzeitig gefunden.«

Abschiednehmen ist ein langer Prozess. Ruth wartete darauf, dass ihr Mann endlich zurückkommt, und wusste doch, dass er nie mehr zurückkommen würde. Zu Hause war alles anders. Am schlimmsten waren die Samstage, Sonntage und Feiertage. Dann war es noch ruhiger als sonst. »Ich fragte mich oft: Warum bin ich überhaupt noch da? Warum lebe ich noch? Es war alles so sinnlos und bedrückend. Ich hatte überhaupt keinen Halt mehr.«

Manchmal betete sie, dass sie endlich auch geholt wird und in diese andere Welt darf, in der ihr Mann jetzt ist. »Ich glaube an ein Leben nach dem Tod«, sagt sie. »Ich glaube daran, dass die Menschen, die mich auf Erden geliebt haben und tot sind, dort oben auf mich warten: mein Mann, meine Mutter und mein kleiner Sohn, der gerade drei Tage alt war, als er starb.«

Es gab viele Tage, da wollte Ruth tot sein. Tage, an denen sie keine Perspektive mehr sah und ihr das Leben nur noch als Last erschien. Oft wurde sie gefragt: Wie geht es dir? Wie soll es mir schon gehen, dachte sie, sieht man das nicht? Meistens, glaubt Ruth, ist diese Frage sowieso nicht ernst gemeint, ebenso wenig wie der Spruch: »Du kannst jederzeit zu uns kommen, wir sind immer für dich da.« Das hört sich schön an. »Aber wenn man dann vor der Tür steht, passt es meistens nicht«, hat Ruth erfahren.

Sie hatte den Eindruck, dass ihr viele Freunde und Bekannte nach dem Tod ihres Mannes aus dem Weg gingen. Mit einer Trauernden Zeit zu verbringen, empfanden sie wohl als zu belastend, in vielerlei Hinsicht. Manche störte es, dass sie ein halbes Jahr lang nur schwarze Kleidung trug. »Davon wird dein Klaus auch nicht wieder lebendig«, sagte man ihr. »Die Leute ertragen es einfach nicht, so offen mit Trauer konfrontiert zu werden.« Es waren vor allem ihre beiden Töchter und ihre Schwester, die Ruth Halt gaben, als sie nicht mehr wusste, wo sie sich hätte festhalten können. Auch mit einer Freundin, deren Mann ebenfalls plötzlich gestorben war, traf sie sich oft. Menschen, die ihr nicht aus dem Weg, sondern auf sie zugingen, wurden ganz wichtig. Eine Nachbarin zum Beispiel, die sie zu sich einlud, zum Reden, zu einem Schoppen, oder zum gemeinsamen Fernsehen. »Menschen sind wichtig, wenn es einem so schlecht geht und man allein nicht mehr weiter weiß«, sagt Ruth.

Deshalb ging sie auch in eine Selbsthilfegruppe, in der sich Frauen und Männer trafen, die ihren Partner verloren haben. »Anfangs hat mir das sehr geholfen«, sagt Ruth, »ich spürte, ich bin nicht allein mit meinem Schmerz. Aber irgendwann kam es ihr nur noch vor wie ein Treffen von Alleinstehenden, bei dem alle durcheinander redeten und sehr viel gelacht wurde. Nach einiger Zeit ging sie nicht mehr hin.

»Ich denke oft an meinen Mann. Er ist nicht mehr da, als direktes Gegenüber, aber er spielt weiter eine wichtige Rolle in meinem Leben«, sagt Ruth. »Manchmal sitze ich vor seinem Foto und spreche mit ihm. Manchmal kommt es mir so vor, als ob er um mich ist, seine Hand leicht auf meine Schulter legt.« Im Traum begegnet Ruth ihrem Mann oft. Einmal sah sie ihn, wie er durch die Tür auf sie zukam, die Arme ausbreitete und sagte: »Endlich bin ich wieder bei dir.« Dann wachte sie auf und war wieder allein.

Manche rieten Ruth, die große Wohnung aufzugeben und in eine kleinere zu ziehen. Aber das wollte sie nicht. »Ich müsste mich von vielen Dingen trennen, die Teil unseres gemeinsamen Lebens waren. Das kann ich nicht. Es sind Erinnerungsstücke, an denen ich sehr hänge.« Manche sagten ihr auch, sie müsse jetzt ganz neu anfangen und vergessen. »Ich will nicht vergessen, gar nichts«, sagt Ruth. »Aber ich möchte endlich loslassen können. Das fällt mir immer noch schwer.«

Ruth S. ist heute 57 Jahre alt. Dreieinhalb Jahre sind vergangen, seit ihr Mann gestorben ist. Sie wirkt selbstbewusst, wie eine Frau, die gerne lebt und sich nicht unterkriegen lässt. Manchmal fühlt sie sich auch so, und dann ist plötzlich wieder nur noch die Trauer da und sie bloß ein Schatten ihrer selbst. Auch wenn sie wieder vieles unternimmt, sich seit kurzem auch ehrenamtlich engagiert, ist das Alleinsein, das Zurückkommen in die leere Wohnung, immer noch schwer zu ertragen. »Ich habe zwar gute Freunde, aber denen will ich auch nicht immer auf die Nerven gehen«, sagt sie.

Wenn sie allein zu Hause ist und die Stille nicht mehr aushält, schaltet sie das Radio ein oder das Fernsehgerät, damit das Schweigen seinen Schrecken verliert und durch Stimmen übertönt wird. Und wenn auch das nicht mehr hilft, verlässt sie das Haus, schließt die Tür hinter sich zu und setzt sich, um der Einsamkeit zu entfliehen, einfach in den Bus oder die Straßenbahn, lässt Straßen, Häuser und Menschen draußen an sich vorbeiziehen, manchmal stundenlang.

Die Zeit heilt alle Wunden – diesen Spruch hat Ruth oft gehört. Sie kann ihn nicht mehr hören. »So ein Quatsch. Wenn die Zeit alle Wunden heilt, dann sollte sie langsam mal damit anfangen«, sagt sie. Es gibt immer noch Momente, da möchte sie am liebsten weg sein. Da liest sie die Todesanzeigen in der Zeitung, schaut sich die Namen und Fotos an und denkt sich: Die haben es gut, die haben es hinter sich. Aber diese Momente sind nun seltener geworden. Manchmal hegt sie die stille Hoffnung, eines Tages wieder einen Partner zu finden. Dann wieder mag sie gar nicht daran denken.

»Außer meinen zwei Töchtern und zwei kleinen Enkeln gibt es nur wenig, was mich ans Leben bindet«, sagt Ruth. Die kleine Michelle ist jetzt vier Jahre alt, wird bald fünf. Kürzlich sagte das Mädchen zu Ruth: »Oma, ich hab dich ganz arg lieb!« Es war, als ob sich ein dunkler Vorhang öffnet und wieder Licht und Wärme hereinlässt. »Dieses Kind hilft mir dabei, das Leben so, wie es jetzt ist, anzunehmen«, sagt Ruth. »Es ist für mich wie eine neue Verbindung zur Welt.«

Die Gabe der Sprache

Trauer ist ein Thema, das alle Menschen betrifft – früher oder später. Ein Thema aber auch, das viele sprachlos macht. Manche wissen nicht, was sie Trauernden sagen sollen, obwohl sie helfen möchten. Andere verdrängen die Gedanken an den Tod und verstummen. Diese Sprachlosigkeit macht alles nur noch schlimmer. In einer Bearbeitung des Bühnenstücks »Pygmalion« von George Bernard Shaw wird die Sprache als größte Gabe, die Gott uns verliehen hat, bezeichnet: »Ohne sie würden wir das Herz unseres Nächsten nicht erreichen. Wir würden keine gemeinsame Welt bewohnen. Wir wären eingeschlossen in unser armseliges Selbst und würden als einsame Tiere eine öde Welt durchstreifen.« Auch durch die Sprache unterscheidet sich der Mensch vom Tier. Nicht miteinander zu sprechen, wenn menschliche Nähe nottut, ist daher unmenschlich.

Viele verschließen ihre Augen und Ohren vor dem Schmerz von Trauernden. Sie wollen nicht, dass deren Leid einen Schatten auf ihr eigenes Leben wirft. Deine Trauer – das geht mich nichts an, denken viele. Sie wollen nicht daran erinnert werden, dass sie einmal in die gleiche Situation kommen könnten. Trauernde müssen daher nicht nur den Tod eines geliebten Menschen ertragen, sondern oft auch eine Umwelt, die sie meidet.

Diese Erfahrung haben viele Menschen gemacht, mit denen ich gesprochen habe. Sie begegnet auch in Selbsterfahrungsberichten von Trauernden immer wieder. Viele haben Angst, auf die Fragen von Trauernden keine Antwort zu wissen. Aber es geht meist gar nicht um Antworten. Es geht vielmehr darum, ihre Fragen mit auszuhalten. Es geht darum, Menschen, die ins Leid gekommen sind, nicht allein zu lassen. Es geht um Mitmenschlichkeit im wahrsten Sinn des Wortes. Wer Trauernden helfen will, muss keine Wunder vollbringen, muss manchmal nicht einmal sprechen. Trauernden genügt es oft schon, zu erfahren, dass jemand da ist, der sich Zeit für sie nimmt; der ihnen zuhört; der vor ihrem Schmerz nicht davonläuft. Unsere Sorgen und Nöte kann uns niemand abnehmen. Aber wir können sie mit anderen teilen. Wenn wir diese Möglichkeit nicht nutzen, dann bleiben wir eingeschlossen in unser Selbst, gerade so, als ob wir keine gemeinsame Welt bewohnen würden.

Fröhlichsein braucht menschliche Nähe. Traurigsein noch viel mehr. Wir können Hilfe annehmen und wir können Hilfe geben. Wir sollten Hilfe annehmen, wenn wir in eine Situation kommen, in der wir allein nicht mehr weiterwissen, und wir sollten anderen Hilfe geben, wenn wir dazu in der Lage sind. Dann wird nicht alles wieder gut. Aber es wird vieles besser.

Die Einsamkeit wird oft übermächtig, wenn der Lebenspartner stirbt.

In mir war eine totale Leere

Nach außen hin wirkt Gustav E. ausgeglichen. In ihm sieht es oft ganz anders aus. Seine Gedanken kreisen immer wieder um den großen Verlust in seinem Leben – um den Tod seiner Frau, die er sehr liebte.

E s ist ein sonniger Tag. Gustav E. und seine Frau Elke machen während einer Radtour Rast in einer Stadt am Main. Sie wirken ein wenig erschöpft, aber glücklich, wie sie da so mitten im Leben stehen und sich auf die Lenkstangen ihrer Räder stützen. Das Foto, das diesen Augenblick festhält – eine Sekunde von so vielen Stunden in mehr als 30 gemeinsamen Lebensjahren – steht gerahmt auf dem Wohnzimmerschrank. Die Sonne scheint draußen noch immer. Doch das Leben von Gustav E. ist heute ein ganz anderes, denn es ist ein Leben ohne seine Frau.

Alles begann damit, dass sich Elke E. oft müde fühlte, kaum noch Energie hatte. Sie maß dem anfangs keine Bedeutung zu. Erst nach mehreren Arztbesuchen erfuhr sie, dass sie an Leukämie erkrankt war. Die Diagnose traf

beide hart, aber es bestand Hoffnung, dass Elke wieder
gesund werden würde. Sie machte eine Chemotherapie.
Fast drei Monate verbrachte sie in der Klinik. Gustav fuhr
jeden Tag mit dem Zug aus seinem Heimatort nach Würzburg, um seine Frau zu sehen. Die Ärzte taten, was sie
konnten. Aber eine Besserung zeigte sich nicht.

Gustav und Elke gaben die Hoffnung nicht auf. Die
54-Jährige unterzog sich einer Stammzellübertragung in
Dresden. Gustav war damals 62 Jahre alt und seit kurzem
im Vorruhestand. Er mietete sich ein Zimmer in Dresden,
um seiner Frau nahe zu sein. Um die Zeit zwischen den
Besuchen in der Klinik zu überbrücken, nahm er an Füh-
rungen teil, erkundete die Stadt auf eigene Faust. »Ich
kannte Dresden bald besser als manche Einheimischen«,
sagt Gustav. Dennoch glich die Stadt eher einem Film,
durch den er hindurchging, denn in Gedanken war er bei
seiner Frau. Die Wirklichkeit, das wahre Leben, spielte
sich für ihn nicht auf den Straßen der sommerlichen Stadt
ab, sondern hinter den Wänden des Krankenhauses.

Drei Monate verbrachten sie in Dresden. Eine lange
Zeit. Eine schwere Zeit. Doch dann waren keine Krebszellen mehr nachweisbar. Elke konnte wieder nach Hause. Nach einiger Zeit bekam sie starkes Fieber, musste
zurück ins Krankenhaus. Dann kam eine Lungenentzündung dazu und der Krebs brach wieder aus. »Das war der
Anfang vom Ende«, sagt Gustav. Der behandelnde Arzt

bat ihn zu sich ins Zimmer und sagte ihm, dass seine Frau im Sterben liege. »Wir hatten die Hoffnung nie aufgegeben. Aber in den letzten Tagen hatten wir keine Hoffnung mehr«, sagt er. Elke war durch die schwere Krankheit, die sie nicht losließ, und die Nebenwirkungen der Medikamente geschwächt und müde. Mit ihr zu sprechen war kaum noch möglich. »Wir wussten beide, was ist, und sie wusste, dass ich bei ihr bin«, sagt Gustav. »Das war wichtiger als alles andere.«

Zur Beerdigung kamen fast 400 Menschen. »Auf dem Friedhof habe ich nicht viel mitbekommen«, erinnert sich Gustav. »Ich stand da und schaute in die Sonne.« Manchmal ist der Schmerz zu groß, um in etwas so Kleines wie ein paar Stunden hineinzupassen. Dann zieht er sich zurück

»Die Welt war mir fremd geworden«

Gustav E.
nach dem Tod seiner Frau

und kommt später wieder, wenn sich die Stunden zu Tagen und die Tage zu Wochen und Monaten dehnen und plötzlich nichts mehr da ist als der Schmerz.

Es ist schwer zu begreifen, dass ein geliebter Mensch tot ist, nie mehr zurückkommen wird. Eigentlich ist es gar nicht zu begreifen. »Mir fehlt das Gespräch mit meiner Frau, ihre Nähe, ihr Lächeln«, versucht Gustav zu erklären, was so schwer in Worte zu fassen ist. Die Sprache gerät schnell an ihre Grenzen, wenn sie das Unbegreifliche beschreiben soll. »Ich vermisse ihre feste Stimme, ihre Fröhlichkeit, ihre wachen Augen, ihren kritischen Geist, ihr großes Herz und all die Kleinigkeiten, mit denen sie mein Leben bereicherte, wie die Blumen auf dem Tisch.« Elke und Gustav waren füreinander da gewesen, hatten einander vertraut. Nun war Gustavs Leben die vertraute Grundlage entzogen. Mehr noch: Sein Vertrauen in das Leben selbst ging verloren. »In mir war eine totale Leere«, erinnert er sich. »Die Welt war mir fremd geworden. Ich sah Kinder spielen, Autos fahren und gut gelaunte Menschen an mir vorbeilaufen. Das Leben ging einfach weiter. Warum? Für mich war das alles so unwirklich, es passte nicht mehr zusammen.« Das Leben draußen ging weiter – aber es hatte nichts mehr mit Gustavs Leben zu tun.

In einem Rahmen an der Wand im Wohnzimmer hängt ein Spruch – eine Schreibübung, die Gustavs Tochter einmal aus dem Schulunterricht mit nach Hause gebracht hatte. Große Buchstaben, von Kinderhand geschrieben, formen die Worte: »Lache und mache auch andere heiter, Zagen und Klagen hilft niemandem weiter.« Es klingt wie eine Botschaft aus einer lange vergangenen Zeit. Gustav hat sie nicht abgehängt. Es ist ja richtig und wichtig, zu lachen und andere heiter zu machen. Gustav hat es nicht vergessen. Aber was Klagen bedeutet, hat er auch erfahren. Manchmal wird die Klage in ihm so übermächtig, dass sie alles Heitere verschwinden lässt.

»Der Gustav hat das alles gut überstanden« – so denken viele seiner Bekannten und früheren Kollegen, glaubt der 64-Jährige. Aber er hat es noch lange nicht überstanden. Seit Elkes Tod sind eineinhalb Jahre vergangen. »Das Weiterleben fällt mir schwer, denn der Mittelpunkt meines Lebens ist verschwunden«, sagt er. »Manche denken, man müsse sich ablenken, um über die Trauer hinwegzukommen. Aber ich lenke mich nicht ab. Ich versuche nur zu tun, was ich auch vorher schon getan habe. Kontakte sind mir wichtig. Ich will mich nicht vergraben.«

Manche stellten Gustav nach Elkes Tod in Aussicht, ihn bald einmal einzuladen. Auf manche dieser Einladungen wartet er noch immer. Ein Bekannter riet ihm schon bald, sich wieder eine Frau zu suchen. »Das war sicher gut gemeint, aber ich empfand solche Bemerkungen als lieblos, als gedankenlos«, sagt Gustav. »Heute kann ich das gedanklich einsortieren, es trifft mich nicht mehr.«

Froh war Gustav über viele Briefe, die er nach Elkes Tod erhielt. Briefe, in denen Freunde oder Bekannte ihn persönlich ansprachen, nicht nur die üblichen Trauerkarten unterzeichneten. Auch kleine Gesten der Anteilnahme sind wichtig in Zeiten der Trauer, sagt Gustav. Es tat ihm gut, das erste Weihnachtsfest ohne seine Frau bei seiner Tochter, ihrem Mann und ihren Schwiegereltern verbringen zu können. »Es ist wichtig, zu spüren, willkommen zu sein, auch wenn man traurig ist.«

Aufrichtige Begegnungen sind für Gustav nach Elkes
Tod noch bedeutsamer geworden. Es hilft ihm auch, mit
anderen Trauernden zu sprechen. Manchmal trifft er sich
mit einem Freund, dessen Tochter bei einem Verkehrsunfall ums Leben kam. Sie spielen zusammen Tennis, machen ihr Leid bei ihren Begegnungen meist gar nicht zum
Thema. Aber jeder weiß um die Trauer des anderen. Das
verbindet.

Gustav kann noch immer nicht verstehen, warum Elke
sterben musste. »Warum sie? Warum nicht ich? Warum
lebe ich noch?« Das hat er sich oft gefragt. Hatte das Leben noch einen Sinn? »Ich wusste es nicht«, sagt er: »Ich
wusste nur, dass es einmal einen hatte.« Manchmal wäre
er lieber tot gewesen. Auf die Frage nach dem Sinn gibt
es oft keine einfache Antwort, weiß Gustav. Aber er weiß
auch: »Es geht nicht nur um mich. Mein Leben hat einen
Sinn auch für andere – für Menschen, die auf mich vertrauen.«

Nach dem Warum fragt Gustav nicht mehr so oft. Die
Zeit des Fragens ist vorbei. Aber sprechen muss er über das,
was ihn bewegt – auch wenn er keine Antworten findet.
»Wenn ich über meine Sorgen und Nöte nicht mehr reden
könnte – das wäre das Allerschlimmste«, sagt er. »Manche nehmen sich das Leben, wenn sie denken, es kann oder
will niemand mehr mit ihnen sprechen. Aber Sprechen ist
wichtig. Wir sind ja nicht allein auf dieser Welt.«

Gustav kommt mit seinem Alltag zurecht. Er hat gelernt zu waschen, zu bügeln und auch einige Gerichte zu
kochen, wenn er Gäste einlädt. Er engagiert sich im Histo-
rischen Verein, begleitet als Stadtführer Besucher durch
seinen Heimatort, geht auf Reisen. Doch seine Gedanken
kreisen immer wieder um seine Frau, um den großen
Verlust in seinem Leben. »Man kann der Tatsache, dass
man allein ist, nicht ausweichen. Auch nicht auf Reisen.
Irgendwann will ich immer wieder nach Hause zurück.
Ich muss mich der Situation stellen.« Seine Frau ist ihm
immer noch nah. »Ich spüre eine Verbindung zu ihr – in
der Wohnung, im Herzen, in Gedanken. Sie war ein Teil
meines Lebens. Sie ist es noch«, sagt Gustav. »Ich lebe
allein, aber ich fühle mich mit ihr verbunden. Das wird
wohl auch immer so sein.«

Vom Trost der Gemeinsamkeit

Wer um einen geliebten Menschen trauert, nimmt oft nur den eigenen Schmerz wahr und kann sich kaum vorstellen, dass andere nach dem Tod einer ihnen nahe stehenden Person ebenso leiden. Die Trauer ist einfach zu groß und verstellt manchmal den Blick auf das Leid, das auch andere zu tragen haben. Eine Frau, über deren Trauer ich bereits im Rahmen dieser Serie berichtete, sagte mir hierzu: »Als mein Mann gestorben war, dachte ich: So sehr wie ich hat vor mir noch niemand geliebt. So tief wie ich können andere gar nicht trauern. Es war ein Irrtum und überheblich, das zu glauben. Ich habe erfahren, dass andere ebenso liebten wie ich, dass ihnen die Trauer genauso weh tut.«

Es gibt ein altes Gleichnis, das von einer Frau erzählt, die nach dem Tod ihres Sohnes fast verrückt wird vor Schmerz. Sie glaubt, das Leben all der anderen sei hell und fröhlich, nur das ihre werde durch die Trauer verdunkelt. Darauf erhält sie den Rat, an jede Tür zu klopfen und sich von jedem Menschen, der noch keinen Verlust erlitten hat, ein Senfkorn geben zu lassen. Doch sie hört in jedem Haus Leidensgeschichten und begegnet niemandem, der noch kein Leid erfahren hat. Und so begreift sie schließlich, was sie anfangs, vom eigenen Schmerz überwältigt, nicht sehen konnte: dass der Tod in das Leben aller eingreift und die Trauer niemanden verschont.

Was hat das Leid anderer mit dem eigenen Leben zu tun? Auf den ersten Blick nichts. Auf den zweiten Blick viel. Vom Leid anderer zu erfahren, macht den eigenen Schmerz nicht kleiner.

Aber man fühlt sich dann nicht mehr so allein und ist eher bereit, ihn anzunehmen. Die Artikelserie »Mit der Trauer leben«, in der Menschen von ihrem persönlichen Verlust berichten, will hierzu ihren Teil beitragen. Aus vielen Zuschriften erfahre ich, dass die Texte gleichfalls Betroffenen Trost und Hilfe bieten. Eine Leserin schrieb mir zum Beispiel:»Als ich Ihren Bericht über Frau S. las (Seite 101 bis 107 in diesem Buch), die ihren Mann verloren hatte, dachte ich im ersten Moment: Das ist ja meine Geschichte.« Eine andere Frau ließ mich zum Text über Gustav E. (Seite 111 bis 117 in diesem Buch) wissen:»Ihre Schilderungen über die Empfindungen nach dem Verlust eines über alles geliebten Partners sind völlig identisch mit den meinigen.«

Trauer ist kein Schicksal, das nur Einzelne betrifft. Trauer betrifft uns alle. Die Serie »Mit der Trauer leben« berichtet über die Erfahrungen unterschiedlicher Menschen – über Erfahrungen, in denen gleichfalls Betroffene sich wiedererkennen, von denen sie vielleicht sogar etwas lernen können. Und sie will Trauernden zeigen, dass sie mit ihrem Leid nicht so allein sind, wie sie in ihrem Schmerz manchmal glauben.

Auseinandersetzung mit der Trauer: Renate Z. schreibt auf, was sie bedrückt.

Dieses Loslassen tut entsetzlich weh

Nach dem Tod ihres Ehemannes fiel für Renate Z. die Zeit auseinander in ein Davor und ein Danach. Ein Jahr ist seitdem vergangen. Viele sprechen von einem Trauerjahr. »Aber ein Jahr ist gar nichts«, sagt Renate Z.

Zuerst war da die Angst, ihr Mann könnte nie mehr ganz gesund werden. Dann wurde die Hoffnung auf Heilung immer kleiner, und zur Angst gesellte sich die Frage: Wie viel gemeinsame Zeit wird uns noch bleiben? Günter Z. war 61 Jahre alt und stand noch mitten im Berufsleben, als festgestellt wurde, dass er an Bauchspeicheldrüsenkrebs litt. Bei einer Operation konnte der Tumor nicht entfernt werden. Es folgte eine kombinierte Strahlen- und Chemotherapie, später eine zweite Operation. Auch diese verlief ohne Erfolg.

»Ich habe alles versucht, um noch Hilfe ausfindig zu machen für meinen Mann«, sagt Renate Z. Aber es gab niemanden, der ihnen noch Hoffnung auf Heilung machte. Jeder Tag war ein Geschenk. Aber kein Tag war mehr so

fröhlich, so unbeschwert wie früher. Der Schatten der
Krankheit lag über allem. »Diese Zeit war schrecklich«, erinnert sich Renate. »Es war, als säße ich auf einem Pulverfass, ohne etwas tun oder den Zeitpunkt der Explosion be-
einflussen zu können. Diese Angst kostete mich viel Kraft
und Energie. Trotzdem wollte ich stark sein für meinen
Mann.« Die Trauer erfasste sie bereits zu Lebzeiten ihres
Partners. »Ich habe schon getrauert, als er noch bei mir
war. Es ist doch normal, dass man geliebte Menschen bei
sich behalten will. Dieses Loslassen tut entsetzlich weh.«

Renate war rund um die Uhr für ihren Mann da, pflegte
ihn zu Hause. Als er starb, saß sie an seinem Bett, zusammen mit ihrem Sohn und ihrer Tochter. »Zuerst hatten
wir einen lebendigen Menschen vor uns, mit dem wir
sprechen konnten. Dann konnten wir plötzlich nur noch
über ihn sprechen«, beschreibt Renate den Moment, als
die Zeit auseinander fiel in ein Davor und ein Danach.
Der Schnitt war schmerzlich. Sein ganzes Ausmaß konnte
sie zu diesem Zeitpunkt aber noch gar nicht erfassen. In
den ersten Wochen nach dem Tod ihres Mannes spürte
sie sogar eine gewisse Erleichterung, weil sein Leiden zu
Ende war. Weil die ganze Anspannung langsam von ihr
abfiel – die Last der Verantwortung, die Angst vor neuen
Komplikationen im Verlauf der Krankheit. »Ich musste
mir keine Sorgen mehr um ihn machen, nicht mehr zuse-
hen, wie er langsam verfiel«, sagt sie.

Als ihr Mann krank war, hatte sich Renate nie gefragt, was sein wird, wenn er nicht mehr da ist. »Ich hatte gar keine Zeit dafür«, sagt sie. Auch Wochen später stellte sich ihr diese Frage noch nicht. »Ich musste seinen Tod erst einmal begreifen«, sagt sie. Aber einige Monate darauf, als dann der Grabstein stand, als es Herbst und Winter wurde und immer dunkler, traf sie der Schmerz über das Alleinsein mit voller Wucht.

»Ich fühlte mich wie ein Blatt im Wind, das zwar noch am Baum hing, aber hin- und hergerissen wurde und irgendwann fallen musste«, beschreibt Renate die Hilflosigkeit und Orientierungslosigkeit, die damals von ihr Besitz ergriff. »Ich hatte das Gefühl, ich werde weggeweht. Ich spürte, wie ich falle und wusste nicht, wo ich landen würde – nur, dass ich mich am Ende dann ganz unten wieder finden würde, schutzlos und allein.«

»Niemand kann diese Lücke auffüllen«
Renate Z.
nach dem Tod ihres Mannes

Während der Krankheit ihres Mannes wurde Renate von vielen für die Stärke bewundert, die sie in dieser Zeit unter Beweis stellte. Nach seinem Tod versuchte sie, diesem Bild weiter, so gut sie eben konnte, gerecht zu werden. »Ich dachte, wenn ich meine Trauer zeige, macht das alle so furchtbar hilflos, dass sie gar nicht mehr wissen, was sie sagen sollen«, erklärt Renate. »Wie es wirklich in mir aussah, wusste kaum jemand. Nur mit einem ganz kleinen Kreis von Menschen konnte ich offen darüber sprechen.«

Wer trauert, braucht eine ausgestreckte Hand, eine offene Tür. Renate erfuhr viel Unterstützung. Aber manche Menschen, von denen sie dachte, sie stünden ihr nahe, haben sie nie ernsthaft gefragt, wie es ihr geht. »Viele Begegnungen waren so oberflächlich«, sagt sie. »Ich hätte mir gewünscht, dass einige meiner Freunde mal alles liegen lassen, sich Zeit nehmen, mich einladen zum Spazierengehen, zum Reden, oder einfach nur zum Zusammensein.« Alle dachten wohl, Renate sei stark genug. Sie selbst drängte sich nicht auf, um nicht lästig zu sein. Sie verzichtete meist auf Besuche, aus Angst, ungelegen zu kommen und nur bemitleidet zu werden »als Witwe, die nicht weiß, wo sie hin soll«.

Manchmal hatte Renate das Gefühl, in einem Gefängnis zu sitzen. »Ich konnte diese Mauern des Alleinseins, der Einsamkeit nicht durchbrechen. Ein Strafgefangener weiß um sein Vergehen. Aber wo ist meine Schuld? Wofür wurde ich mit dem Tod meines Mannes bestraft?« Auch ihre Kinder konnten ihr das Gefühl, allein zu sein, nicht nehmen. »Mein Mann ist tot«, sagt sie. »Niemand kann diese Lücke ausfüllen. Das können meine Kinder nicht, keine Verwandten und keine Freunde. Das muss ich allein aushalten und durchhalten. Da führt kein Weg daran vorbei.«

Abschiednehmen ist ein langwieriger Prozess. »Ich muss nicht nur meinen Mann loslassen, sondern auch viele lieb gewordene Gewohnheiten«, sagt Renate. Sie erinnert sich daran, wie sie im Sommer immer gegen Abend unter den Obstbäumen im Garten, wo sie schon den Tisch gedeckt hatte, darauf wartete, dass ihr Mann von der Arbeit nach Hause kam. Vorbei. Jetzt lebt sie allein in dem Haus, in dem sie einst gemeinsam glücklich waren, wo ihr die Spuren ihres Mannes überall, Tag für Tag, den Verlust neu vor Augen führen. »Es ist mir fast nicht möglich, mich allein vor den Fernseher zu setzen, wo wir immer zusammen saßen. Das zerreißt mir fast das Herz. Ich habe einen neuen Tisch und neue Stühle für die Küche gekauft, die vertraute Eckbank ausrangiert. Ich konnte es nicht mehr ertragen, an meinem alten Platz zu sitzen und sein Gesicht nicht mehr vor mir zu haben«, sagt sie.

Renate übt ihren Beruf weiter aus. Sie arbeitet in der Verwaltung einer Schule. Sie ist auch in ihrer Freizeit aktiv, spielt in der Theatergruppe des örtlichen Heimatvereins mit und bringt einer Kindertanzgruppe fränkische Rundtänze bei. »Beim Theaterspielen kann ich mal raus aus meiner Haut und in eine andere Rolle schlüpfen.« Auch der Tanzunterricht für Kinder bringt neue Freude in ihr Leben. »Kinder sind so unbeschwert, gehen offen auf einen zu«, sagt sie.

Was ist Trauer? »Manchmal weiß ich gar nicht genau, was das ist«, sagt Renate. »Der Schmerz über den Verlust? Das Selbstmitleid? Die Zukunftsangst? Die Einsamkeit? Ich weiß, dass es notwendig ist, die Trauer anzunehmen. Aber die Angst, dass sie mich auffrisst, ist groß. 38 gemeinsame Ehejahre sind unwiederbringlich vorbei. Das tut weh. Und die Aussicht, bis zu meinem Lebensende ohne den geliebten Partner verbringen zu müssen, noch viel mehr. Für wen das alles?«

Mit ihrem Mann kann sie nicht mehr sprechen. Aber manchmal setzt sich Renate hin und schreibt ihm Briefe, in denen sie ihm erzählt, was sie bedrückt. »Selbst in einer funktionierenden Beziehung sagt man dem Partner nicht alles, aus unterschiedlichen Gründen: um ihn nicht zu verletzen, ihn nicht in Sorgen zu stürzen«, berichtet Renate. »Jetzt ist das anders. Ich kann meinem Mann alles erzählen. Er ist weiter da, auf ganz neue Weise. Es ist eine andere Art der Kommunikation, ein grenzenloses Vertrauen.«

Ein Jahr ist nun vergangen, seit Renates Mann gestorben ist. »Viele sprechen von einem Trauerjahr. Aber ein Jahr ist gar nichts«, sagt sie. »Ich hoffe, dass die Zeit manche Wunden heilt. Aber ich glaube, dass die Narben bleiben werden. Damit muss ich lernen zu leben.« Das Leben sieht sie heute nicht mehr nur als Last, sondern auch wieder als Geschenk. »Ich bin gesund, kann mich bewegen, Auto fahren, arbeiten: das alles ist unendlich viel wert. Das Leben ist zu wertvoll, um es nicht zu leben«, sagt Renate. »Ich versuche der Zeit, die ich habe, Inhalte zu geben.« Als schwierigste Aufgabe empfindet sie es, das Alleinsein zu lernen. »Es ist, als ob man neu anfängt zu laufen. Ich hoffe, es wird mir irgendwann gelingen.«

All die gemeinsamen Jahre: Waren es viele? Oder waren es, im Vergleich mit anderen Paaren, zu wenige? Es geht nicht um Zahlen, um höhere Mathematik. »Es ist wie ein Buch, das zugeklappt ist«, sagt Renate. »Ich schaue auf ein großes Stück Vergangenheit zurück, auf ein sehr schönes Stück. Das kann mir niemand mehr nehmen. Immer, wenn die Trauer übergroß wird, versuche ich mir das klarzumachen. Vielleicht verschwindet irgendwann auch der Schmerz, und nur die Erinnerung an das Schöne bleibt.«

Wenn Fußball untröstlich macht

Trauernde fühlen sich oft sehr allein. Nach dem Verlust eines geliebten Menschen ist nichts mehr wie zuvor. Aber es gibt offenbar Zeiten, in denen sich Trauernde nicht so allein fühlen müssten. Zeiten, in denen ganze Länder, ja, ganze Kontinente Trauer tragen wie während der Fußballweltmeisterschaft 2006 in Deutschland. Denn bei der WM wurde weltweit »getrauert«, wenn man Medienberichten Glauben schenken wollte. Die unsportliche Begriffsverwirrung geht nicht auf Boulevardblätter zurück, die meist ohnehin nicht ernst zu nehmen sind. Die folgenden Zitate stammen allesamt aus Texten einer wegen ihrer Sachlichkeit geschätzten Presseagentur, die Zeitungen in ganz Deutschland mit Informationen versorgt.

Als die niederländische Mannschaft im Achtelfinale ausschied, »herrschte im Oranje-Lager große Trauer«. Als das argentinische Team verlor, gab es »Tritte, Tränen und Trauer« im Dreierpack, anschließend haben »Millionen Argentinier mit tiefer Trauer« auf die Niederlage ihrer Nationalelf reagiert. Nicht anders erging es England nach dem WM-Aus für die Insel-Kicker. »England in Trauer«, lautete die herzzerreißende Botschaft, und: »Das Land weint.« Selbstverständlich stürzte auch Fußball-Deutschland nach der Halbfinal-Niederlage »ins Tal der Tränen« und die Fans »in tiefe Trauer«. Einen Tag darauf hieß es dann allerdings schon: »Schock und Trauer waren gestern.« So schnell geht also die Trauer vorbei.

Aber wer tröstet all die Kontinente, die untröstlich sind? Die Niederlage seines Fußballteams hat nämlich »ganz Australien in Trauer« gestürzt, selbst der Premierminister des Fünften Kontinents bekannte: »Ich bin untröstlich.« Und als dann leider auch das Team von Ghana ausschied, trug nicht nur dieses afrikanische Land, nein nein, sondern »der Schwarze Kontinent Trauer«. Drunter geht es offenbar nicht.

Wer wirklich trauert, kann diesen achtlosen Umgang mit dem Begriff Trauer manchmal nur schwer ertragen. Da tut es gut, inmitten dieses ganzen übergeschnappten medialen Unfugs Menschen zu hören, die die richtigen Worte finden. Frank Baumann zum Beispiel, 28-facher Fußball-Nationalspieler, schrieb, nachdem das deutsche Team das WM-Finale verpasste, die ersten Tage werde »die Enttäuschung riesig sein«. Genau das war es: eine Riesen-Enttäuschung für Spieler und Fans. Nicht weniger, aber auch nicht mehr. Denn schon wenige Tage nach dem Ende der WM war die »Trauer« bei den enttäuschten Fans schon wieder verflogen.

Wirkliche Trauer dauert länger, sehr viel länger, und geht tiefer, sehr viel tiefer. Warum das so ist, das versuchen auch die folgenden Berichte der Serie »Mit der Trauer leben« begreiflich zu machen.

Das Unfassbare hinnehmen: in der Natur finden Trauernde oft Trost.

Ich hätte ihr gerne noch so vieles gesagt

»Der Tod ist das Ungeheuerliche, Unverstandene,
Unfassbare, das wir hinnehmen müssen«, sagt
Elisabeth R. Ihre Tochter starb vor zweieinhalb Jahren
durch Drogen. Die Trauer lässt sie bis heute nicht los.

E s war ein Tag, vor dem Elisabeth R. ein wenig Angst
hatte. Der Tag, an dem eine Klassenkameradin ihres
Sohnes beerdigt wurde. Das Mädchen war erst 14 Jahre
alt. Elisabeth ging zur Beerdigung. Die Trauerfeier war
bewegend. Der Tod, der ein junges Leben so plötzlich beendet hatte, blieb unbegreiflich. Elisabeth dachte einen
Moment lang: »Unvorstellbar, wenn meine eigene Tochter jetzt da im Sarg liegen würde.«

Nach der Beisetzung hatte sie in der Stadt noch einiges
zu erledigen. Als sie nach Hause kam, hörte sie ihren Mann
und die beiden Söhne weinen. Ihre Tochter Katharina
war in ihrer Wohnung tot aufgefunden worden. Sie war
22 Jahre alt. Die Polizeibeamten, die die Nachricht über-
bracht hatten, waren schon weg. Der Notfallseelsorger

war noch da, aber seine Worte erreichten Elisabeth nicht. Sie rollten an ihr vorbei wie der Verkehr auf einer weit entfernten Straße. Sie empfand die ganze Situation als unwirklich, als ob das alles nichts mit ihrem Leben zu tun hätte. »Alle dachten, ich breche jetzt zusammen«, berichtet sie. »Aber ich brach nicht zusammen. Ich konnte nicht einmal weinen.«

Elisabeth wollte zu ihrer Tochter. Aber das war nicht möglich. Katharina war in die Gerichtsmedizin gebracht worden. Sie hatte sich eine Überdosis Heroin gespritzt. »Zwei Tage lang musste ich warten«, berichtet Elisabeth. Als sie dann endlich zu ihr durfte, war der Sarg schon verschlossen. Man riet ihr, ihn nicht mehr zu öffnen, denn es sei kein schöner Anblick. Sie folgte schließlich diesem Rat.

Wie hatte alles angefangen? »Ich weiß es nicht«, berichtet Elisabeth. »Manchmal hatte ich den Verdacht, dass sie Drogen nimmt. Sie war dann irgendwie anders, hatte einen seltsamen Gesichtsausdruck. Aber wenn ich sie darauf ansprach, stritt sie es ab.« Katharina machte eine Ausbildung zur Fachwerkerin im Zier- und Pflanzenbau. Sie lebte ihr eigenes Leben. Als sie nicht mehr zu Hause wohnte, suchte sie immer seltener Kontakt zu ihrer Familie. »Die schönste Zeit mit Katharina war, als sie noch klein war. Zuletzt hatte ich kaum noch Zugang zu ihr.«

Elisabeth hätte sich so sehr einen engeren Kontakt zu ihrer Tochter gewünscht. Aber Katharina lebte in ihrer eigenen Welt. Ein Stück weit, räumt die 48-Jährige ein, war sie aus ihrem Leben bereits verschwunden. Vielleicht konnte sie auch deshalb Katharinas Tod, ihre nicht nur vorübergehende, sondern endgültige Abwesenheit anfangs schlecht einordnen. Zudem war vor und nach der Beisetzung so vieles zu erledigen. Elisabeth musste auch die Wohnung ihrer Tochter ausräumen und auflösen. »Das war einerseits schlimm«, sagt sie. »Andererseits war ich trotzdem froh, dass ich wenigstens das für sie tun konnte. Es war Schwerstarbeit, aber ich habe mich Katharina dabei so nahe und verbunden gefühlt wie schon lange nicht mehr.«

Nach dem Tod ihrer Tochter ging Elisabeth

»Manchmal denke ich, ich habe versagt«

Elisabeth R.
nach dem Tod ihrer Tochter

weiter ihrer Arbeit nach, kümmerte sich um Mann und Kinder. »Ich war beschäftigt mit der Sorge um meine Familie. Zu mir selbst hatte ich kaum noch Zugang. Ich war innerlich erstarrt«, erinnert sie sich. Die Depression, die von ihr Besitz ergriff, kam schleichend. »Ich spürte, irgendetwas geschieht mit mir«, erzählt sie. Als dann Weihnachten vorbei war und sich der Todestag von Katharina zum ersten Mal jährte, hatte sie einen Nervenzusammenbruch. »Ich merkte auf einmal: Ich kann nicht mehr, ich will nicht mehr«, sagt Elisabeth. Sie konnte kaum noch etwas essen, begab sich in medizinische Behandlung. »Ich war nicht mehr fähig, meiner Arbeit nachzugehen. Ich merkte: Allein schaffe ich das nicht. Ich brauche Hilfe, eine Auszeit.« Schuldgefühle bohrten in ihr. Sie quälen sie noch heute. »Manchmal denke ich, ich habe versagt. Obwohl ich weiß, dass ich mein Möglichstes getan habe, um Katharina ein gutes Leben zu ermöglichen.« Tief in ihrem Inneren suchte Elisabeth ihre Tochter. Da sie den Sarg damals nur geschlossen gesehen hatte, dachte sie manchmal: Vielleicht lebt sie ja noch. Vielleicht kommt sie gleich um die Ecke. Einmal sah sie auf der Straße eine junge Frau, die Katharina sehr ähnlich sah, sich genauso bewegte. »Ich wollte schon ihren Namen rufen«, erinnert sie sich, »aber dann drehte sie sich um...«

Sie hätte ihrer Tochter gerne noch so vieles gesagt. Als die Sehnsucht, mit ihr zu sprechen, einmal besonders groß war, setzte sie sich hin und schrieb ihr einen Brief. Schrieb ihr, wie sehr sie ihr fehlt. Wie gerne sie mit ihr durch die Stadt gebummelt wäre und von Frau zu Frau gesprochen hätte, um zu erfahren, was sie fühlt, was sie denkt, wie es ihr geht. »Ich weiß nicht, warum du so geworden bist. Ich habe mich bemüht, dir den Rücken zu stärken für deinen Lebensweg«, schrieb sie. »Ich wollte, dass es dir gut geht. Ich habe dich sehr geliebt und werde dich immer in meinem Herzen behalten.«

Vieles hat Elisabeth in ihrer Trauer verletzt. Zum Beispiel, dass ihre Tochter nach der Beisetzung kaum noch erwähnt wurde. Elisabeth ist sicher, dass dies mit ihrem Drogentod zusammenhängt. Hätte sie einen Unfall gehabt, wäre es anders gewesen, glaubt sie. Manches, was man ihr sagte, wenn überhaupt darüber gesprochen wurde, tat weh. »Katharina hat dir doch nur Sorgen gemacht«, musste sie sich zum Beispiel anhören, oder: »Wie kannst du nur so traurig sein? Ihr hattet doch bloß Stress miteinander.« Dabei stimme das gar nicht, sagt Elisabeth: »Das Negative war da, aber auch das Positive: Wir haben oft zusammen gelacht und auch viel Schönes erlebt.«

Ohne Menschen, die sie unterstützen, wäre der Schmerz und die Wut und die Trauer gar nicht auszuhalten. Vor allem jenen Freunden ist sie dankbar, mit denen sie noch heute, zweieinhalb Jahre nach Katharinas Tod, über all das sprechen kann. »Oft komme ich an einen Punkt, an dem ich mich dem Ganzen nicht mehr gewachsen fühle«, erzählt Elisabeth. »Dann ist es gut, dass jemand da ist, dass ich um Hilfe bitten kann. So gelingt es mir, immer wieder Schritte zu gehen, um den Verlust zu bewältigen.«

Elisabeth besucht regelmäßig den Gesprächskreis »Verwaiste Eltern« des Hospizvereins Würzburg. Dort treffen sich Mütter, Väter und Ehepaare, die ein Kind verloren haben, um mit gleichfalls Betroffenen Erfahrungen

auszutauschen. Begleitet durch Mitglieder des Hospizvereins, suchen sie im Gespräch nach Möglichkeiten,
dem Leid und besonderen Problemen der Trauer zu begegnen und gemeinsam neue Perspektiven zu gewinnen.
»Es ist einzigartig, von eigentlich fremden Menschen so
viel Mitgefühl zu erfahren«, berichtet Elisabeth. Sie hat
durch den Gesprächskreis auch gelernt, dass es normal
ist, in der Trauer Wut zu empfinden. »Das habe ich mir
immer verboten«, sagt Elisabeth: »Aber ich war wütend.
Wütend darüber, dass Katharina so leichtfertig mit ihrem
Leben umgegangen ist.« Vor allem lernte sie durch die
Begegnung mit anderen, »dass die Trauer nicht immer
gleich bleibt, sondern sich verändert.«

Wie hat sich ihre Trauer verändert? »Der Tod ist das
Ungeheuerliche, Unverstandene, Unfassbare, das wir
hinnehmen müssen. Aber die Trauer ist ein Weg. Ich bin
jetzt so weit, dass Katharina nicht mehr ständig bei mir
ist. Ich muss nicht mehr dauernd an sie denken. Ich spüre, dass ich selbst wieder mehr Raum brauche.« Elisabeth
merkt, dass sie auf einem Weg ist – dorthin, wo das Leben
heller und leichter ist, auch wenn die Trauer immer wieder über sie kommt wie dunkle Wolken, die plötzlich am
Horizont aufziehen. »Manchmal«, sagt sie, »würde ich
die Trauer am liebsten packen, in einen Sack stecken, ihn
zubinden und ihn irgendwo abstellen, wo ich ihn nicht
mehr sehe.«

Die Trauer schmerzt, doch sie schärft auch den Blick
für das, was wirklich wichtig ist. »Die Bedeutung meiner
Familie und meiner Freunde, die zu mir und meinem
Leben gehören, nehme ich noch viel stärker wahr als zuvor. Aber ich sehe auch so vieles andere, was mein Dasein trotz allem lebenswert macht, wie die Schönheiten
und Wunder der Natur.« Kürzlich, als sie mit sich allein
sein wollte, fuhr Elisabeth an einen kleinen, versteckten
See. »Ich setzte mich ans Ufer und sah plötzlich zwei
seltsame Insekten, die ganz zart gegliedert waren und so
schön glitzerten. Sie schwebten direkt über dem Wasser
und schlugen Purzelbäume. Ich musste auf einmal lachen
und war froh«, erzählt sie. »Ich nehme die Natur mit viel
mehr Sinnen auf.«

Elisabeth trägt viele Erinnerungen an ihre Tochter in
sich, Erinnerungen an gute und an schlechte Zeiten. »Das
Schlechte kommt oft wie eine große Welle, die alles Gute
zuschüttet. Aber dann ist sie wieder weg. Die Erinnerung
an das Gute überwiegt heute. Sie ist das, was mich trägt.«

Liebe und Leben nach dem Tod

Man lebt nur einmal, sagen viele, wenn sie es sich einmal besonders gut gehen lassen. Eine Lebenseinstellung, die man verstehen
kann, denn ob es ein Leben nach dem Tod gibt, ist ja höchst unge-
wiss. Manche glauben ganz fest daran, andere nicht. Die Hoffnung
auf ein Weiterleben nach dem Tod, auf ein Wiedersehen, haben
viele, Gewissheit hat niemand.

Aber auch Menschen, die nie an ein Leben nach dem Tod geglaubt haben, machen oft die Erfahrung, dass nach dem Tod nicht
alles vorbei ist. Dann nämlich, wenn ein geliebter Mensch gestorben und begraben, im eigenen Herzen und in den eigenen Gedanken aber weiter lebendig ist. Wenn eine geliebte Person stirbt, stirbt
nicht auch unsere Beziehung zu ihr. Die Beziehung bleibt lebendig,
auf andere Weise.

Man lebt nicht nur einmal. »Man lebt zweimal«, schrieb der
französische Schriftsteller Honoré de Balzac, »das erste Mal in der
Wirklichkeit, das zweite Mal in der Erinnerung.« Menschen leben
weiter in denen, die sie nach ihrem Tod zurücklassen und denen
sie viel bedeutet haben, als sie noch lebten. Denen sie weiter viel
bedeuten, denn das tun sie ja immer noch, auch wenn sie in ihrer
körperlichen Gestalt nicht mehr hier sind.

Eine starke Verbindung zwischen Menschen, die sich im Leben
sehr nahe waren, kann auch der Tod nicht auflösen. Der Schmerz
des Verlusts, und der steht immer am Anfang, tut weh. Der Tod ist
unbegreiflich, die Vorstellung, einen geliebten Menschen nie mehr
wiederzusehen, oft unerträglich. Doch trotz der schmerzlichen

Trennung wird vielen Trauernden – unabhängig von ihrem Glauben – früher oder später bewusst, dass es etwas gibt, das weiter verbindet.

Niemand ist wirklich tot, solange er noch geliebt wird, solange sich Menschen an ihn erinnern. Menschen, die wir lieben, bleiben auch nach ihrem Tod innerlich mit uns verbunden. Sie wirken zuweilen sogar weiter auf unser Leben ein. Zum Beispiel, wenn wir Dinge tun und fortsetzen, die ihnen selbst wichtig gewesen waren. Oder wenn wir uns in einem inneren Zwiegespräch bei ihnen Rat holen.

Menschen, die wir lieben, bleiben in uns und mit uns lebendig. Denn man lebt nicht nur zweimal, wie Balzac schrieb. Man liebt auch zweimal: das erste Mal im wirklichen Leben, das zweite Mal in der Erinnerung.

Es braucht Zeit, die Endgültigkeit des Todes zu begreifen.

Ich will weiterleben im Sinne meines Mannes

Auf den Tod ihres schwer kranken Mannes war
Christiane K. vorbereitet. Auf die Trauer, die
danach von ihr Besitz ergriff, nicht. »Ich machte
einen Fehler nach dem anderen«, sagt sie.

Das Leben hatte es gut mit ihnen gemeint. Sie blickten
auf 44 Jahre einer glücklichen Ehe zurück, hatten
zwei erwachsene Kinder und ein Haus mit einem großen
Garten. Dann kam jener Tag, an dem Artur K. seine Frau
Christiane morgens aus der Klinik anrief, die er ein paar
Tage zuvor wegen einer Thrombose aufgesucht hatte:
»Bitte hole mich gleich ab, ich bin ein paar Tage beur-
laubt.« Schon auf der Heimfahrt im Auto sagte er ihr:
»Ich habe Krebs. Und ich habe keine Chance.«

Zuhause druckte sich Artur K. Informationen aus dem
Internet aus. Sie bestätigten, was die Ärzte ihm gesagt
hatten. Die Aussichten waren sehr schlecht. »Er gab mir
all die Ausdrucke«, sagt Christiane, »und er sagte mir:
Frag bitte nicht, wie lange ich noch leben werde.« Sie

hielt sich daran, um es ihrem Mann nicht noch schwerer zu machen. Sie sprachen in aller Ruhe über die Zeit, die ihnen noch blieb, und darüber, wie es danach weitergehen sollte. Nachdem Christiane ihren Mann wieder ins Krankenhaus gebracht hatte, besuchte sie eine Freundin, um mit ihr über all ihre Ängste und Sorgen zu sprechen. »Da habe ich das erste Mal richtig geweint«, sagt sie.

Die Zeit, die folgte, verging schnell. Christiane war rund um die Uhr für ihren Mann da. »Ich bin froh darüber, dass ich in den letzten Wochen so viel Zeit mit ihm verbracht habe. Er brauchte mich, und ich ihn«, sagt sie. »Mein Mann war nicht verbittert über seinen bevorstehenden Tod. Er baute mich immer wieder auf und sagte, was er doch für ein schönes Leben gehabt hätte. Besonders die Zeit nach seinem Herzinfarkt sechs Jahre zuvor waren geschenkte Jahre, mit vielen neuen Herausforderungen. Er war bereit zu sterben.« Getrauert hat Christiane in der Zeit, als ihr Mann im Sterben lag, nicht. »Solange ich noch mit ihm sprechen, seine Hand halten konnte, war alles gut.«

Artur K. starb nur sieben Wochen nach der Diagnose. Er war 68 Jahre alt. Die Trauerfeier und Beerdigung gestaltete Christiane so, wie ihr Mann es mit ihr besprochen hatte. Sie wählte mit ihrer Tochter Musikstücke aus, die ihm viel bedeutet hatten, trug Bilder und Dokumente zur Erinnerung an sein Leben zusammen. Sie wollte alles perfekt machen, war beschäftigt von früh bis spät. Sie führte auch das Tagebuch weiter, das sie zu schreiben begonnen hatte, als ihr Mann die Diagnose mitgeteilt bekam. »Ich dachte, mir kann eigentlich nichts passieren«, erinnert sich die 64-Jährige. »Ich war vorbereitet, konnte Abschied nehmen. Doch nach der Beerdigung machte ich einen Fehler nach dem anderen.«

Die fast zwanghafte Aktivität, die sie entwickelte, der Druck, unter den sie sich selbst stellte, sind ihr bis heute ein Rätsel. Es war, als ob sie die Trauer durch übertriebene Geschäftigkeit von sich fernhalten wollte. »Ich stand oft um fünf Uhr auf, um alle Kondolenzbriefe, die ich erhalten hatte, weit über 200, mit persönlichen Worten zu beantworten«, berichtet Christiane. »Ich ging auch schon zwei Tage

> »Ich hatte das Gefühl:
> Es ist alles nur ein Film«
> Christiane K.
> nach dem Tod ihres Mannes

nach der Beerdigung wieder an meinen Arbeitsplatz. Ich legte eine unglaubliche Hektik an den Tag. Ich glaubte, alles sofort und alles allein erledigen zu müssen. Ich hatte nicht einmal Zeit, zum Arzt zu gehen, den ich dringend gebraucht hätte. Niemand konnte mich bremsen.«

Fast hätte Christiane sogar das Haus verkauft, in dem sie 36 Jahre lang mit ihrem Mann gelebt hatte. »Artur riet mir vor seinem Tod, mich von dem großen Haus mit Garten zu trennen, weil es für mich allein zu viel Arbeit sein würde«, erzählt sie. Drei Wochen nach der Beerdigung setzte Christiane schon mit einem Paar, das das Haus kaufen wollte, einen Vertrag auf. Sie kündigte der Mieterin ihrer Eigentumswohnung, in die sie ziehen wollte, trennte sich von vielem Hausrat. »Die Schwestern meines Mannes halfen mir, den Keller auszuräumen, obwohl ihnen das Herz blutete.«

Zwei Tage vor dem Termin beim Notar trat das Ehepaar wegen Krankheit vom Kaufvertrag zurück. »Heute sage ich, was für ein Glück! Wie konnte ich nur ernsthaft überlegen, das Haus zu verkaufen? Ich kann doch nicht meinen Mann verlieren und dann auch noch den Ort unseres gemeinsamen Lebens, der so voller Erinnerungen steckt!« Plötzlich wurde ihr klar, dass sie das Haus nie verlassen wollte. »Es war Fügung, dass ich noch hier sein darf. Wäre ich in die Eigentumswohnung gezogen, weg von der Geborgenheit, die mir das Haus immer noch bietet, hätte ich mich dort vielleicht irgendwann vom Balkon gestürzt.«

Wenn Christiane heute auf diese Zeit zurückblickt, kann sie sich selbst nicht verstehen. »Die ersten acht bis zehn Wochen habe ich eigentlich nicht getrauert. Ich ließ mir keine Zeit dafür, war ununterbrochen beschäftigt, setzte mich selbst unter Druck. Den Schmerz des Abschieds hielt ich von mir fern. Ich setzte die eigentlich letzte Stufe der Trauerbewältigung, die Neuorientierung, an den Anfang. Das konnte nicht gut gehen.«

Als dann alles geregelt war, der Hausverkauf geplatzt und Christiane nicht mehr darüber nachdenken konnte, was noch alles erledigt werden musste, traf sie die Trauer mit voller Wucht. »Ich begann erst da, die Endgültigkeit des Todes wirklich zu begreifen. Vorher hatte ich das Gefühl: Es ist alles nur ein Film. Ich bin die Hauptdarstellerin, und der Regisseur gibt meinem Mann rechtzeitig den Einsatz zum Zurückkommen. Bis mir klar wurde: Es ist kein Film, er kommt nicht mehr zurück.«

Christiane war innerlich zerrissen und durchlebte ein Chaos der Gefühle. Aber es war gut, sagt sie, denn erst da begann sie, sich dem Schmerz zu stellen. Die Zeit, in der sie sich wie ferngesteuert in Aktivitäten stürzte, war vorbei. Die Zeit, in der sie glaubte, vorbildlich funktionieren zu müssen, in der sie kaum Hilfe annahm. Trauernde klagen oft über zu wenig Zuspruch. Bei Christiane war es umgekehrt. »Ich hätte mehr Hilfe haben können, aber ich habe kaum Hilfe in Anspruch genommen.«

Christiane wollte niemandem zur Last fallen und stieß dadurch manche vor den Kopf. »Trauernde sind oft schwierig«, sagt sie selbstkritisch. »Ich war auch schwierig. Ich habe es bestimmt nicht allen leicht gemacht.« Was sie sich heute, fast ein Jahr nach Arturs Tod, wünscht, ist, dass mehr mit ihr über ihren Mann gesprochen würde. »Nur so bleibt er aus meiner Sicht in Erinnerung. Das täte meiner Seele wirklich gut. Doch nun meinen viele, ich müsste darüber hinweggekommen sein. Aber wann hat denn die Trauer ein Ende zu haben? Wer weiß denn das? Wer weiß, was richtig ist?«

Seit 24 Jahren leitet Christiane die Stadtbibliothek in ihrem Heimatort. Einmal kam nach dem Tod ihres Mannes eine Frau in die Bibliothek und brachte ihr einen Blumenstrauß. Eine andere Frau, die sah, wie sie weinte, brachte ihr am nächsten Tag eine Broschüre über Trost in der Trauer. »Es waren so schöne menschliche Gesten, zumal wir privat gar keinen Kontakt hatten«, sagt sie. Oft ist es einfach, die Sprachlosigkeit aufzubrechen. Eine Frau kam einmal auf Christiane zu und sagte: »Darf ich Sie ansprechen? Ich möchte so gerne wissen, wie es Ihnen geht.« Die 64-Jährige war froh über diese Frage und das wohltuende Gespräch, das sich daraus entwickelte.

Christiane hat heute wieder Freude an vielen Dingen des Lebens. Sie wirkt im Gesangsverein mit, hat sich einem Wanderverein angeschlossen, arbeitet viel im Garten, spielt wieder Tennis. Sie hat, nach dem Tod ihres Mannes auf sich gestellt, viele handwerkliche Fähigkeiten entwickelt. »Ich mobilisiere Kräfte, die ich vorher nicht gekannt hatte«, sagt sie. »Ich sehe manches gelassener, weil ich gemerkt habe, dass ich auch vieles allein schaffen kann.«

Manchmal ist alles still und leer und Christiane wütend darüber, dass ihr Mann tot ist. Ja, es hätten noch viele schöne Jahre sein können. Aber Christiane ist nicht verbittert, wenn sie zurückblickt. »Viele andere müssen viel früher von ihrem Partner Abschied nehmen«, sagt sie. »Nach dem Verleugnen und dem Schmerz spüre ich jetzt die Dankbarkeit für all die Zeit, die wir miteinander verbringen durften, und für die Liebe, die Artur mir gegeben hat. Ich hatte es sehr gut bei ihm.« Ihr Mann wollte, dass es ihr auch dann noch gut geht, wenn er selbst nicht mehr da sein würde. »Lebe du gut weiter, gönne dir alles!«, bat er sie mehrmals, bevor er starb. Anfangs war der Gedanke für sie unvorstellbar. Heute sagt Christiane: »Ich will weiterleben im Sinne meines Mannes.«

Begleitung in der Trauer

Wer um eine geliebte Person trauert, hofft auf Worte und Gesten, die von Herzen kommen. Trauernde brauchen Menschen, die an ihrem Schicksal Anteil nehmen, die immer wieder ein Zeichen ihrer Nähe geben und sie in dieser schweren Zeit nicht alleine lassen. Zu den Personen, die Trauernde unterstützen können, gehören die Menschen aus ihrem persönlichen Lebensumfeld: Angehörige, Freunde, Bekannte, die in der schweren Zeit der Trauer zu Freunden werden können, Arbeitskollegen, Nachbarn und andere mehr. Hilfe bieten auch begleitete Trauer-Gesprächskreise, wie sie zum Beispiel von Hospizgruppen und vereinzelt auch von kirchlichen Gemeinden angeboten werden. Nicht zuletzt können Selbsthilfegruppen Trauernde ein Stück auf ihrem Weg begleiten, denn die Begegnung und der Austausch mit Menschen, die ein ähnliches Schicksal tragen müssen, kann viel Positives bewirken.

Es gibt mittlerweile Selbsthilfegruppen und Internet-Foren für verwaiste Eltern, für die Trauer nach dem Tod des Ehepartners, nach plötzlichem Säuglingstod oder nach einem Tod des Kindes noch vor der Geburt. Die Selbsthilfegruppe AGUS (Angehörige um Suizid) bietet Hilfe für Menschen, die einen nahen Angehörigen durch Suizid verloren haben.

Die Trauer nach einem Suizid ist oft mit besonderen Erschwernissen verbunden. Dazu gehören laut Erfahrungen von AGUS Scham und Verleugnung, Wut und Ärger auf den Verstorbenen, Gefühle des Versagens und der Schuld, Infragestellung des bisherigen Lebens, Einbruch des Selbstwertgefühls und die manchmal verlet-

zenden Reaktionen des gesellschaftlichen Umfelds. Die Selbsthilfegruppe AGUS bietet Betroffenen eine Vielzahl von Informationen
sowie die Möglichkeit, sich bei regelmäßigen Treffen gemeinsam
mit anderen auszutauschen – und hilft ihnen so dabei, mit ihrer
Trauer zu leben (Information im Internet: *www.agus-selbsthilfe.de*).
    Das Projekt AGUS wurde von Emmy Meixner-Wülker ins Leben
gerufen. Jahre, nachdem sich ihr Ehemann das Leben genommen
hatte, gründete sie 1989 in Bayreuth die erste Selbsthilfegruppe für
Angehörige nach einem Suizid. Mittlerweile gibt es AGUS-Gruppen
in ganz Deutschland. Auch Helga Mend engagiert sich nach dem
Tod ihres Sohnes bei AGUS. Ihren Weg durch die Trauer beschreibt
der folgende Bericht.

Oft das letzte Lebenszeichen eines Angehörigen: der Abschiedsbrief.

Kein Tag vergeht, an dem ich nicht an ihn denke

Michael war 29 Jahre alt, als er sich das Leben nahm.
»Es war der schwärzeste Tag in meinem Leben«,
sagt seine Mutter Helga Mend. Michaels Abschiedsbrief
half ihr dabei, mit ihrer Trauer zu leben.

Es war 9.13 Uhr, als Michaels Armbanduhr stehen blieb. Seine Mutter Helga Mend war zu diesem Zeitpunkt gerade mit Hausarbeiten beschäftigt. Um die Mittagszeit fuhr sie zur Wohnung ihrer Schwiegermutter, um ihrem Mann bei Renovierungsarbeiten zu helfen. Es war noch immer ein ganz normaler Tag. Sie war gerade dort angekommen, als ein Freund der Familie, mit dem ihr Sohn beruflich zusammenarbeitete, auf sie zulief, sie festhielt und sagte: »Du musst jetzt stark sein. Ich habe eine schreckliche Nachricht.« Was konnte passiert sein? »Michael ist tot!«, hörte sie dann. »Er hat sich das Leben genommen.«

Helga konnte nicht begreifen, was sie hörte. Dann sah sie ihren Mann, der kurz vor ihr informiert worden war, und das Entsetzen in seinem Gesicht. »Ihr täuscht euch, nicht mein Michael, das kann nicht sein«, dachte sie noch, bevor sie aufschrie, gar nichts mehr denken konnte und den Boden unter den Füßen verlor. Michael war 29 Jahre alt gewesen. Er war sehr aktiv, lebte gerne, hatte Erfolg im Beruf und eine Verlobte, die er bald heiraten wollte. Es hatte keinerlei Anzeichen auf einen Suizid gegeben. Warum? Michael hatte sich von einer 50 Meter hohen Brücke gestürzt. Als er unten aufschlug, blieb seine Armbanduhr stehen, um 9.13 Uhr. In seinem Auto, das nahe der Auffahrt zur Brücke geparkt war, lag ein Abschiedsbrief. Was darin stand, sollte Helga erst später erfahren.

Zwei Jahre sind seit Michaels Suizid vergangen. Wie sie die erste Nacht nach dem Tod ihres Sohnes verbracht hat, weiß Helga nicht mehr. »Ich wusste nicht, dass ein Mensch so viel weinen kann«, sagt sie nur. »Wir hatten den Wunsch, Michael vor der Beisetzung noch einmal zu sehen«, erzählt Helga. Der Bestatter war sehr einfühlsam. Er deckte Michaels Körper ab bis auf eine unversehrte Stelle, die sie berühren konnten, um auf diese Weise Abschied zu nehmen. »Es war nicht viel«, erklärt Helga, »aber es bedeutete uns in diesem Moment alles.«

Die vielen Kondolenzkarten mit Worten voller Anteilnahme und Mitgefühl waren in den ersten Tagen der Trauer ein großer Trost. Ebenso die Freunde und Kollegen ihres Sohnes, die sich um die Gestaltung der Trauerfeier kümmerten und Michael durch Musik, Gedichte und persönliche Gedanken die letzte Ehre erwiesen. Die Beisetzung war nicht kirchlich – nicht, weil Michael sich das Leben genommen hatte, sondern weil es ihr Sohn nicht gewollt hätte, sagt Helga. Der Bestatter ermöglichte es auch, dass anstelle städtischer Bediensteter Michaels Freunde und sein jüngerer Bruder den Sarg zum Grab geleiten konnten. Dort standen Schalen mit bunten Rosenblättern, die die Trauernden statt Sand auf den Sarg streuten. »Es war vieles anders als sonst üblich, aber sehr persönlich und tröstlich«, sagt Helga.

Der Abschiedsbrief ihres Sohnes umfasst mehrere Seiten und beantwortet auch die Frage nach dem Warum – »damit andere aus meinem Fehler lernen«, schrieb Michael. Er hatte einen für ihn unverzeihlichen Fehler begangen:

»Das Einzige, was zählt, ist eure Zukunft. Ich liebe euch«

Aus dem Abschiedsbrief von Michael

Er war seiner Verlobten, die er sehr liebte, untreu geworden und machte sich große Vorwürfe. »Ich hatte so ein schlechtes Gewissen, noch nie hatte ich so ein schlechtes Gewissen«, schrieb er.

»Michaels Tod ist einfach nur sinnlos«, sagt Helga. Ein Psychotherapeut, mit dem sie später darüber sprach, erklärte den Suizid mit einem plötzlich auftretenden Schuldwahn, in den jeder Mensch geraten könne, wenn er nicht mehr weiter weiß vor lauter Selbstvorwürfen und

Schuldgefühlen. Heute ist Helga klar: »Michael war in eine Spirale geraten, aus der er nicht mehr herausfand. Er war zwar sensibel, aber nie depressiv gewesen. Es war eine reine Verzweiflungstat.«

Helga und ihre Familie dachten keinen Moment daran, Michaels Suizid zu vertuschen. »Wir hätten keinen Sinn darin gesehen«, sagt sie. »Ich habe niemanden getroffen, der mir auswich und die Straßenseite wechselte, weil mein Sohn sich das Leben genommen hat«, erzählt die 55-Jährige. »Zu keiner Zeit haben wir Menschen erlebt, die uns ablehnend gegenübertraten.« Zwei Monate nach Michaels Tod besuchten Helga und ihr Mann erstmals die Selbsthilfegruppe AGUS (Angehörige um Suizid). Einmal im Monat treffen sie dort Menschen, die mit dem gleichen Leid leben müssen, darunter auch viele Eltern, deren Kinder in den Tod gingen. »Das Gespräch mit gleichfalls Betroffenen hilft«, sagt Helga, »jeder erzählt, was ihn belastet und hört dem anderen zu.« Inzwischen ist Helga Gruppenleiterin für betroffene Eltern und Geschwister in der Selbsthilfegruppe AGUS.

Durch die Gespräche wurde ihr klar, wie wichtig es war, dass Michael einen Abschiedsbrief hinterlassen hatte. Denn wenn das Warum nicht erklärt wird, sind die Angehörigen in ihrem Schmerz oft ratlos, machen sich Vorwürfe und fühlen sich zu Unrecht schuldig. Schuldig fühlten sich Michaels Eltern nie. Bevor ihr Sohn sich das

Leben nahm, versicherte er ihnen, dass er sie liebe, dass niemand etwas falsch gemacht habe. »Ihr seid so tolle Eltern gewesen. Ich bitte euch, vergebt mir«, schrieb er. Dafür sind sie unendlich dankbar. »Der Brief ist wie ein Schatz für uns«, sagt seine Mutter.

Helga merkte, dass es ihr in ihrer Trauer gut tat, sich mit Dingen zu beschäftigen, die mit Michael zu tun haben. Sie stellte zum Beispiel verschiedene Alben mit Fotos ihres Sohnes zusammen. Gegenstände, die einst ihm gehörten und nun einen neuen Platz in ihrem Haus gefunden haben, sind ihr lieb geworden, weil sie die Erinnerung bewahren. Sie schrieb auch ein bewegendes Buch über ihr Weiterleben nach dem Suizid ihres Sohnes. Es trägt den Titel »Ein letzter Brief zum Abschied«.

Helga half die bewusste Auseinandersetzung mit ihrem Schmerz, aber auch die Nähe all der Menschen, die sie in ihrer Trauer stützten. Frühere Kolleginnen, die ihr schrieben oder eine Kurznachricht sandten: »Wir haben eine Kerze für Michael angezündet, wir denken an euch.« Freunde, die sie einfach einmal in den Arm nahmen oder bei Besuchen ans Grab begleiteten. Freunde, die mit Helga und ihrem Mann trotz ihrer Trauer gemeinsam den Urlaub verbringen wollten, nicht locker ließen und sagten: »Ohne euch fahren wir nicht.« Diese Nähe und Bereitschaft, dem Schmerz nicht auszuweichen, ist unendlich viel wert. »Im Leid erkennt man seine Freunde«, sagt Helga.

Ihr Weiterleben aber, berichtet sie, habe sie letztlich ihrer Familie zu verdanken. Ihrem Sohn Michael, der durch seinen Abschiedsbrief dafür gesorgt hat, dass alle von der Last ungerechtfertigter Schuldgefühle und Selbstvorwürfe verschont blieben; ihrem jüngeren Sohn und seiner Frau, denn einige Wochen nach Michaels Tod kam Helgas kleine Enkeltochter auf die Welt. »In der Dunkelheit war sie wie ein Licht«, sagt Helga. »Vor allem aber muss ich meinem Mann danken. Er hörte mir zu, war für mich da, wann immer ich ihn brauchte, und er ist es heute noch.«

Zwei Jahre nach Michaels Tod kommen die Tränen oft immer noch ohne Vorwarnung. Aber nicht mehr so häufig. Tanzen, lang andauernde Partys oder laute Stimmungsmusik kann Helga noch nicht ertragen. »Mein Sohn lebt nicht mehr. Ich habe mich verändert. In meinem Denken, meinem Fühlen, meinem Handeln. Vielleicht nicht sichtbar, aber in mir«, beschreibt Helga ihre Gefühle. »Natürlich lache ich, scherze ich. Ich freue mich, empfinde Glück. Und dennoch habe ich mich verändert. Ich weiß darum, es ist geschehen. Was bleibt, ist Liebe.«

In seinem Abschiedsbrief hatte Michael geschrieben: »Das Einzige, was zählt, ist eure Zukunft. Ich liebe euch.« Es sei sicher sein großer Wunsch gewesen, »dass wir wieder Glück empfinden können«, sagt Helga. »Mein Leben hat sich durch Michaels Tod verändert. Es ist heute anders, aber auch wieder schön.« Ihr Sohn spielt in diesem Leben weiter eine große Rolle. »Es vergeht kein Tag, an dem ich nicht unzählige Male an ihn denke. Er hinterlässt eine Lücke, die niemals geschlossen werden kann. Aber ich möchte seine allerletzte Entscheidung achten und respektieren. Die wunderschönen Jahre der Kindheit meines Sohnes und seines Lebens als Erwachsener werde ich immer in meinem Herzen bewahren«, sagt Helga.

Sie lebt wieder gerne, aber sie betrachtet ihr Leben heute mit ganz anderen Augen: »Kein Mensch sollte sich seines Glücks zu sicher sein. Jederzeit kann etwas geschehen, was das Leben völlig verändert. Von einer Sekunde zur anderen. Ich habe es erlebt.«

Gute und schlechte Ratgeber

Mit Allerheiligen, Allerseelen, dem Volkstrauertag und dem Toten-
sonntag zählt der November gleich vier Gedenktage, an denen sich
viele ihrer Toten erinnern. Das ist gut und wichtig. Doch die Trauer
kennt keinen Terminplan. Sie lässt sich nicht auf bestimmte Tage
oder Monate beschränken. Niemand weiß dies besser als Trauernde selbst.

Im November rückt die Trauer aber stärker ins öffentliche Be-
wusstsein als sonst. Daher werden in diesem »Trauermonat« auch
viele Experten von den Medien zu verschiedenen Aspekten des
Umgangs mit dem Sterben und dem Tod befragt. Was sie zu sagen haben, ist oft hilfreich. Manchmal aber auch nicht.

Da äußert sich zum Beispiel ein Theologieprofessor, sein Name
tut nichts zur Sache, über Liturgie und Bestattungskultur. Er berichtet, dass heute bei Beerdigungen oft Blumen statt Erde auf den
Sarg geworfen werden und erklärt: »Die Blumen gehören auf das
Grab, nicht in das Grab.« Blumen auf einen Sarg zu werfen, sei
ein Versuch, den endgültigen Abschied von einem Menschen zu
überspielen.

Was für ein Unsinn. Es mag ja sein, dass dieser »Trauer-Experte«
das irgendwo gelesen hat oder vielleicht sogar selbst glaubt. Das
gibt ihm aber nicht das Recht, Trauernden seine Meinung aufzudrängen oder ihnen gar Vorschriften zu machen. Erst kürzlich
berichtete mir eine Frau, dass die Trauergäste bei der Beerdigung
ihres Sohnes Rosenblätter statt Sand auf den Sarg streuten und
sagte: »Es war vieles anders als sonst üblich, aber sehr persönlich

und tröstlich.« Die Behauptung, eine solche Geste wolle den endgültigen Abschied überspielen, ist nicht nur anmaßend, sondern auch lächerlich.

Ein anderer »Experte« in Sachen Trauer, Tod und Bestattung, sein Name spielt ebenfalls keine Rolle, erklärt zum Inhalt von Todesanzeigen: »Ich ermutige Angehörige dazu, die Anzeige selbst zu schreiben und dadurch die eigene Sprachlosigkeit nach dem Tod eines nahen Menschen zu überwinden.« Das ist zweifellos ein guter Ratschlag. Wenig später teilt er mit, er habe seine eigene Todesanzeige schon selbst verfasst. Warum?»Ich will meine Angehörigen entlasten.« So viel zur inneren Logik der Empfehlungen mancher Experten.

Zum Glück sind solche Beispiele Ausnahmen, nicht die Regel. Aber sie zeigen auch: So genannte Experten wissen zwar vieles, was andere nicht wissen. Aber sie wissen nicht alles besser. Trauernde dagegen wissen meist selbst sehr genau, was für sie gut ist. Sie sollten sich von falschen Ratgebern nicht verunsichern lassen.

Franziska mit ihrem kleinen Bruder am Grab ihrer Mutter.

Der Faden, der uns verbindet, reißt nicht ab

Als seine Frau starb, war Jimmy Z. (Name geändert)
32 Jahre alt, die gemeinsame kleine Tochter drei.
Jimmys Trauer war groß. Mittlerweile ist das Glück in
sein Leben zurückgekehrt.

Das Grab auf dem Waldfriedhof ist anders als andere Gräber. Sieben Kupferstäbe verlaufen nebeneinander auf dem Boden und steigen dann nach oben. Sieben Stäbe, einer für jedes Jahr. Sieben Jahre lang waren Jimmy Z. und seine Frau Andrea ein Paar. Ein Stab tritt, von den anderen abgehoben, hervor. Er steht für das Jahr in Jimmys und Andreas Beziehung, in dem ihre Tochter Franziska geboren wurde. Vorne auf der an ihren Rändern von Efeu überwucherten Grabplatte ist eine schmale Öffnung, wie bei einem Briefkasten. Eine Karte steckt darin – ein durch Folie geschütztes Bild, das Franziska für ihre tote Mutter gemalt hat. Ein riesengroßes Herz ist darauf zu sehen, aus dem grüne Palmen wachsen, und darüber steht: »Für Mama«.

Franziska kam Anfang 1996 auf die Welt. Zu diesem Zeitpunkt wusste ihre Mutter schon, dass sie sehr krank war. Nach verschiedenen Beschwerden, die Jimmy und seine Frau zuerst auf die Schwangerschaft zurückführten, teilte man ihnen die Diagnose mit: Morbus Hodgkin, eine seltene Krebsart, die das Lymphsystem befällt. »Andrea war schwanger. Alles war voll auf Zukunft eingestellt. Und dann das«, sagt Jimmy. »Aber wir hatten Hoffnung auf Heilung. Wir waren sicher, wir kriegen das in den Griff.«

Nach Franziskas Geburt machte Andrea eine Chemotherapie. Bald waren keine Krebszellen mehr nachweisbar. »Wir zogen zu dritt mit unserer kleinen Tochter in eine neue Wohnung«, berichtet Jimmy, »es war eine schöne Zeit.« Aber dann kam der Krebs zurück. Es folgten neue Behandlungen, hochdosierte Chemotherapie, Stammzelltransplantation. Es gab Komplikationen wie eine Lungenentzündung und hohes Fieber. Andrea war sehr geschwächt, erholte sich nie mehr richtig.

»Sie hat sich in ihrem Körper nicht mehr wohlgefühlt«, sagt Jimmy. »Ich habe versucht, durchzuhalten. Ich sorgte mich um meine Frau, musste arbeiten und mich um meine Tochter kümmern. Die ganze Situation war erdrückend. Ich konnte nicht mehr agieren, nur noch reagieren. Ich hatte das Gefühl, den Ereignissen hinterherzulaufen.« Die Klinikärzte waren distanziert, erinnert sich Jimmy. »Sie konnten mit meiner Wut und Trauer nicht umgehen.« Seiner Wut darüber, dass seine Frau so krank war, dass keine Therapie mehr half, dass alles immer schlimmer wurde. Seiner Trauer über all die verlorenen Lebensmöglichkeiten – gestern und heute und morgen – und darüber, dass das gemeinsame Leben vielleicht bald vorbei sein würde. Diese Angst war immer da. Dass seine Frau sterben würde, wurde Jimmy aber erst wenige Tage vor Andreas Tod wirklich klar. Dann ging alles sehr schnell.

Als er eines Abends kurz nach 19 Uhr in der Klinik anrief und fragte, ob er außerhalb der Besuchszeit nochmal zu seiner Frau dürfe, sagte man ihm: »Ihre Frau ist gestorben.« Auf die Frage, ob er dann gleich kommen dürfe, erhielt er die Antwort: »Eigentlich nicht. Aber da können wir eine Ausnahme machen.« In der Klinik bat man ihn, sich zu beeilen, weil das Zimmer geräumt werden müsse. »Kein Arzt war da, der mit mir sprach, niemand, nur dieses kalte Neonlicht«, erinnert sich Jimmy: »Es war fürchterlich.«

> »Die Beschäftigung mit dem Grab war wichtig für mich«
>
> Jimmy Z.
> nach dem Tod seiner Frau

Andrea war 33 Jahre alt, als sie starb. Jimmy war 32, ihre gemeinsame kleine Tochter drei. Eine Tagesmutter und die Eltern kümmerten sich abwechselnd um das Kind, während Jimmy weiter seiner Arbeit nachging. In der ersten Zeit nach Andreas Tod verspürte er eine große

Leere, aber auch eine gewisse Erleichterung. »Die ganze Anspannung der vergangenen Jahre fiel von mir ab«, sagt er. »Mein Gefühlsleben war ein Nebeneinander, Ineinander, Übereinander ganz unterschiedlicher Stimmungen: Momente tiefer Depression, aber manchmal auch der Gedanke: Jetzt, nach so viel Schlimmem, kann mir eigentlich nichts mehr passieren.«

Die Trauer ist wie eine Achterbahn. Mal geht es aufwärts, dann zieht es einen wieder tief nach unten, und oft hat man das Gefühl, man werde aus der Kurve getragen. Es gab Momente, da war Jimmys Leben seltsam leicht. Später stand er dann wieder allein vor dem Grab auf dem Friedhof und weinte. Seine Frau war tot und sein eigenes Leben aus den Fugen geraten. Die in der Werbung propagierten Idyllen von glücklichen Kleinfamilien taten ihm weh. Er hatte nie in so einer Idylle gelebt.

Nach einem halben Jahr ging Jimmy wieder einmal die Woche zum Sport – an seinem »freien Abend«, an dem sich seine Mutter um die kleine Franziska kümmerte. Es gab Zeiten, da war er sehr nachdenklich und still, und andere, da musste er viel über Andrea und seine Trauer sprechen. Beides war wichtig. »Ich habe eine Handvoll guter Freunde, die für mich da waren, mir ein Stück Normalität boten. Auch die engsten Freundinnen meiner Frau traf ich häufig. Ich konnte meine Trauer mit ihnen teilen – sie waren wie ein Rettungsanker für mich.«

Das Leben kam nur langsam wieder zurück, in ganz kleinen Schritten. »Jeder bemühte sich, zu helfen«, sagt Jimmy. Vor allem seine Eltern versuchten, die Lücke, die sich in seinem Leben aufgetan hatte, mit ihrer Gegenwart zu füllen. »Ich hätte nie gedacht, dass meine Eltern für mich als Erwachsenen noch einmal so wichtig werden würden, dass ich sie noch einmal so brauchen würde«, sagt er. Auch die kleine Franziska half ihm – einfach, weil sie da war. Das Leben ging weiter. Jimmy wünschte sich, dass es trotz allem gut weiterging, dass er irgendwann wieder ein zufriedenes Leben würde führen können. »Ich wollte auch meiner toten Frau zeigen, dass ich es kann. Es war eine Herausforderung für mich, das alles zu schaffen.«

Nach Andreas Tod ging Jimmy wieder eine Beziehung ein. Er hatte keine neue Partnerin gesucht. »Die gemeinsame Erinnerung und die Trauer haben uns zusammengeführt«, sagt der heute 39-Jährige. Seine neue Liebe war eine gute Freundin seiner Frau. Sie lebten zunächst in getrennten Wohnungen, jeder in einer eigenen Welt. »Es war schwer, mich nach dem Tod meiner Frau auf eine neue Beziehung einzulassen. Ich hatte anfangs oft ein schlechtes Gewissen und fragte mich: Darf ich das überhaupt? Auf der einen Seite«, sagt Jimmy, »war diese riesengroße Traurigkeit. Auf der anderen Seite aber auch dieses Neue, das mir das Leben anbot. Und was einem das Leben anbietet, soll man auch annehmen.«

Inzwischen ist Jimmy mit seiner neuen Partnerin verheiratet. Sie haben einen gemeinsamen Sohn, er ist vier Jahre alt. Franziska ist mittlerweile zehn. Vielleicht kehrte das Glück auch deshalb in Jimmys Leben zurück, weil die neue Partnerschaft den Tod und die Trauer nie ausklammerte, das Dunkle mit hellen Farben zu übertünchen versuchte. Vielmehr war es der für beide schmerzliche Verlust, der sie erst zusammengeführt hat.

Auch an der Gestaltung des Grabmals, über das Jimmy lange nachgedacht hat, war seine zweite Frau beteiligt. »Die Auseinandersetzung mit dem Grab war ein wichtiger Schritt für mich, meine Trauer zu verarbeiten«, sagt Jimmy. »Ich wollte keinen stummen Grabstein, sondern etwas Besonderes, als Zeichen der Wertschätzung der verstorbenen Person. Es sollte eine Aussage über die gemeinsam verbrachte Zeit sein und uns die Möglichkeit geben, mit Andrea, auch wenn sie tot ist, irgendwie in Kontakt zu bleiben. Dahinter steht der Wunsch, dass der Faden, der uns verbindet, nicht abreißt.«

Andrea ist nun schon mehr als sieben Jahre tot. Aber sie ist nicht vergessen. Sie ist weiter sehr präsent – auf Fotos, in Gesprächen und in Gedanken. »Auch an Franziska erkenne ich, je älter sie wird, immer wieder Ähnlichkeiten und Charakterzüge, die mich an Andrea erinnern«, sagt Jimmy. Der Tod nimmt viel weg. Aber vieles bleibt auch.

Das Glück ist auf andere, neue Weise in Jimmys Leben zurückgekehrt. »Manchmal denke ich: Mein Gott, geht es mir gut! Wenn ich dann an meine erste Frau Andrea denke, die nicht mehr hier sein kann, bekomme ich oft ein schlechtes Gewissen. Manchmal geht immer noch alles durcheinander.«

Aber Jimmy weiß auch, dass Andrea nicht gewollt hätte, dass sein Leben und das ihrer Tochter keine Perspektive mehr findet. Ganz im Gegenteil. »Ich denke, Andrea ist zufrieden mit uns und glücklich darüber, dass unser Leben so gut weitergeht.«

Trost und Rat aus dem Internet

»Trauer ist wie ein Felsbrocken. Wegrollen kann man ihn nicht. Zuerst versucht man, nicht darunter zu ersticken. Dann hackt man ihn Stück für Stück kleiner, und den letzten Brocken steckt man in die Hosentasche und trägt ihn ein Leben lang mit sich herum.« Dieses Zitat findet sich in dem von Gerd Laudert-Ruhm und Susanne Oberndörfer herausgegebenen Buch »Und das Leben bekommt mich zurück«, das zahlreiche Beiträge aus dem Internet-Forum *www.verwitwet.de* enthält. Es beschreibt sehr treffend, was der abstrakte und nüchterne Fachbegriff »Trauerarbeit« bedeutet.

Viele Menschen versuchen Tag für Tag, diesen riesigen Felsbrocken Trauer, der in ihr Leben gestürzt ist, irgendwie kleiner zu machen. Das Internet-Forum verwitwet.de gibt ihnen hierzu die Möglichkeit. Ins Leben gerufen wurde es 1999 von Oliver Scheithe nach dem frühen Tod seiner Frau. Er selbst blieb damals mit drei kleinen Kindern zurück. Er musste nicht nur mit seiner Trauer fertig werden, sondern auch sein Leben neu organisieren und suchte den Austausch mit anderen Betroffenen. Auf seiner Internet-Seite berichtete er über eigene Erfahrungen, gab Hinweise auf wichtige Informationen und Literatur, stellte ein Forum und ein Gästebuch bereit.

Verwitwet.de wurde bald eine sehr lebendige Plattform. Im ersten Monat ihres Bestehens besuchten rund 400 Betroffene die Internetseite. Heute sind es rund 1000 Menschen täglich – meist Männer und Frauen, die bereits in jungen Jahren ihren Partner verloren haben. Das Angebot von verwitwet.de ist mittlerweile sehr umfangreich. Es umfasst Informationen für Hinterbliebene, stellt Bücher vor, bietet Diskussionsforen zu unterschiedlichen Themen und, am wichtigsten von allem, Betroffenen die Möglichkeit, miteinander in Kontakt zu treten.

Seit 2001 ist verwitwet.de ein gemeinnütziger Verein, der auch die Gründung regionaler Selbsthilfegruppen unterstützt, um Personen ohne Zugang zum Internet die Möglichkeit zu geben, sich mit anderen Betroffenen auszutauschen. Mittlerweile gibt es bundesweit rund 30 solcher Gruppen unter dem Dach von verwitwet.de.

Trauer ist wie ein Felsbrocken. Verwitwet.de begleitet sehr viele Menschen nach dem Tod ihres Partners und hilft ihnen so dabei, den Felsbrocken ihrer Trauer Stück für Stück kleiner zu machen. Davon erzählt auch der folgende Bericht.

Das Internet-Forum verwitwet.de hilft vielen durch die Zeit der Trauer.

So eine Beziehung werde ich nie wieder haben

Viele Frauen und Männer verlieren ihren Partner schon früh. Margit S. war 46 Jahre alt, als ihr Mann starb. Das Internet-Forum verwitwet.de half ihr dabei, mit ihrer Trauer zu leben und wieder neue Hoffnung zu schöpfen.

Sie war 17, als sie ihren Mann kennenlernte. Ihre Liebe war groß. Wenige Jahre später heirateten sie, bekamen zwei Kinder, bauten sich ein gemeinsames Leben auf, Stück für Stück. Als das Leben noch heil war, waren da eine glückliche Familie, ein Mann, der sie »auf Händen trug«, wie Margit S. sagt, das eigene Boot auf dem Main, mit dem sie oft gemeinsame Ausflüge unternahmen und vieles andere mehr. Es sollte immer so weitergehen. 24 Jahre lang waren sie verheiratet. Dann starb Margits Mann. Seitdem ist alles anders.

Margit war 46 Jahre alt, ihr Mann Harald 47, als ein Krebsleiden seinem Leben ein Ende setzte. Schon die Krankheit veränderte das Leben der Familie. Vier Monate lang lag Harald in einer Klinik in München. Margit verbrachte den größten Teil dieser Zeit bei ihm, hatte kaum noch Zeit für die Kinder. Ihr Sohn, Anfang 20, kam schon allein zurecht, aber ihre Tochter war gerade erst 15 Jahre alt. »Ich hatte Hoffnung bis zuletzt«, sagt Margit. »Mir wurde erst ganz am Schluss klar, dass Harald wirklich sterben wird.« Sechs Wochen vor seinem Tod fiel ihr Mann ins Koma, aus dem er nicht mehr erwachte.

Mehr als vier Jahre sind seitdem vergangen. Als Harald gestorben war, dachte Margit zuerst nur: »Er hat es geschafft, er muss nicht mehr leiden.« Sie hatte kaum Zeit, über den Verlust nachzudenken. Zu sehr war sie mit so vielen Aufgaben beschäftigt, die sie forderten: der Planung der Beerdigung, der Erledigung von Behördengängen und anderen Formalitäten. »Ich saß nicht da und habe geheult oder gegrübelt«, sagt Margit. »Ich hatte ständig zu tun.«

Zumindest am Tag. Nachts aber musste sie oft weinen und stellte sich die Frage, die sie nicht beantworten konnte: Warum? Tagsüber raffte sie sich dann wieder auf. »Ich wollte einfach stark sein«, sagt sie.

Margit machte sich Sorgen um ihre Kinder, vor allem um ihre damals 17-jährige Tochter. Wenn sie an das Mädchen dachte, sah sie plötzlich sich selbst vor sich. »Als mein Vater starb, war ich auch erst 17. Damals konnte ich nicht richtig um ihn trauern, weil ich mir viele Sorgen um meine Mutter machte. Sie war sehr traurig und völlig verändert. Ich wollte sie aber wieder so lebendig haben, wie sie vorher gewesen war«, sagt Margit. »Ich wollte nicht, dass es meiner Tochter so ging wie mir damals.« Margit wollte sich nicht unterkriegen lassen, nicht im Selbstmitleid versinken. Selbstmitleid ist ihr fremd. Aber die Trauer steckt niemand einfach so weg. Auch Margit musste sich mit dem großen Verlust in ihrem Leben auseinandersetzen. Wie sehr, wurde ihr bald nach dem Tod ihres Mannes klar. Eine Freundin machte sie auf das Internet-Forum verwitwet.de aufmerksam, in dem Frauen und Männer aus ganz Deutschland, deren Partner gestorben sind, miteinander in Kontakt treten, sich voneinander erzählen und Probleme besprechen können. Wenig später trat Margit selbst in dieses Internet-Forum ein und knüpfte

»Ich habe geschimpft, mit dem Schicksal gehadert«

Margit S.
nach dem Tod ihres Mannes

Kontakte mit anderen Betroffenen. »Es klingt vielleicht übertrieben«, sagt sie, »aber das hat mir das Leben gerettet.« Warum? »Mir wurde plötzlich klar: Andere müssen ebenfalls oft schon früh den Tod ihres Partners ertragen. Darunter sind viele, die es schwerer haben als ich.«

Margit berichtet von Frauen, die nach dem Tod ihres Mannes auch noch in finanzielle Schwierigkeiten gerieten. Oder von einer Mutter einjähriger Zwillinge. Während eines Familienausflugs stürzte ein Baum auf das

Auto und tötete ihren Mann. »Das gemeinsame Leben dieser Familie wurde so schnell und früh zerstört«, sagt sie. »Diese Kinder haben ihren Vater nie richtig kennengelernt. Meine Kinder kannten ihren Vater gut. Wir waren lange eine glückliche Familie, hatten eine tolle Zeit miteinander. Und wir haben nun eine gemeinsame Erinnerung.«

Am Anfang suchte Margit gezielt nach Menschen, deren Partner ebenfalls an Leukämie gestorben sind. Sie gab bei verwitwet.de als Stichwort »Leukämie« ein und fand schnell Kontakt zu rund 25 verwitweten Frauen und Männern. Bei der Kommunikation über das Internet standen für Margit vor allem folgende Fragen im Mittelpunkt: Wie haben andere den Tod ihres Partners verkraftet? Wie führten sie ihr Leben weiter? Wie geht es ihnen jetzt?

»Ich habe viele Wochen lang nichts anderes gemacht, als mit gleichfalls Betroffenen zu kommunizieren«, berichtet Margit. »Am Anfang war ich vom frühen Morgen bis Mitternacht im Internet, um herauszufinden, wie andere mit ihrem Verlust umgehen.« Das Gesprächsforum wurde zu einem Ventil, um etwas von dem Druck herauszulassen, unter dem sie seit der Krankheit und dem Tod ihres Mannes stand. »Ich habe mit anderen Betroffenen über Ärzte und Kliniken, überhaupt über alles geschimpft und mit dem Schicksal gehadert.« Das ändert zwar nichts, aber danach fühlte sich Margit besser.

Trauernde brauchen menschliche Nähe. Im Internet ist die Kommunikation zwar persönlich, aber ohne direktes Gegenüber. Manche sehen darin einen Nachteil. Margit nicht. »Da es ein Forum für Trauernde ist, geht es gleich zur Sache, zum Kern des Problems«, sagt sie. »Es gibt keine Hemmschwelle. Man merkt schnell, mit wem man gut kommunizieren kann, wer auf der gleichen Wellenlänge liegt. Die Kontakte sind sehr intensiv. Und wer will, kann sich jederzeit zurückziehen.«

Auch ganz lebenspraktische Fragen werden bei verwitwet.de zum Thema, zum Beispiel: Was kann ich für meine Kinder tun, die mit dem Verlust eines Elternteils leben müssen? Daher gibt es dort auch ein Forum, wo sich Kinder und Jugendliche, deren Vater oder Mutter gestorben ist, mit ebenfalls betroffenen Gleichaltrigen austauschen können. »Meine Tochter hat auf diese Weise Freundinnen gefunden«, erzählt Margit. Sie habe damals gesagt: »Keiner hat mich verstanden. Aber die haben mich verstanden.«

Freunde, sagt Margit, habe auch sie über das Forum verwitwet.de gefunden. Mit manchen hat sie irgendwann Telefonnummern ausgetauscht, es gab gegenseitige Besuche. »Wir waren einander nicht fremd, als wir uns das erste Mal sahen. Im Gegenteil. Wir kannten uns schon gut, da wir uns zuvor so viele persönliche Dinge geschrieben hatten«, erzählt sie. Durch das Internet-Forum schloss Margit zum Beispiel Freundschaft mit einer ebenfalls verwitweten Frau aus München, die sie bereits besucht hat.

Ihrer Familie, ihrer Mutter, ihren Schwiegereltern und den Geschwistern ihres Mannes ist Margit für die Nähe in der Zeit ihrer Trauer sehr dankbar. Manche Freunde dagegen machten sich rar. »Als mein Mann noch da war, gab es mehrere Ehepaare, mit denen wir befreundet waren. Als Harald tot war, kamen viele nicht mehr so gerne, hatten plötzlich kaum noch Zeit«, erinnert sich Margit. Wenn sich das Leben ändert, ändern sich auch viele Menschen. Manche Freunde verschwanden aus ihrem Leben. Aber dafür kamen neue hinzu.

Über verwitwet.de lernte Margit auch einen Mann kennen, dessen Frau – wie ihr eigener Mann – an Leukämie gestorben ist. Sie schrieben sich anfangs mehrere E-Mails am Tag, besuchten sich später einige Male. Mittlerweile ist Margit mit diesem Mann eine neue Beziehung eingegangen. »Wir lieben uns, aber es ist eine Fernbeziehung. Er lebt in einem mehr als 400 Kilometer weit entfernten Ort. Wir sehen uns alle zwei Wochen. Unser Zusammensein ist schön, auch weil wir beide nie ausblenden, was war«, sagt Margit. »Wir sprechen oft über unsere toten Partner. Er versteht, dass ich die Fotos von meinem gestorbenen Mann nicht abhänge – und ich verstehe ihn, der es mit den Bildern seiner früheren Frau genauso hält.«

Seit dem Tod ihres Mannes, erzählt Margit, habe sie oft Träume. Träume, dass sie irgendetwas nicht schaffe, dass sie mit dem Leben nicht fertig werde. Sie will aber mit all dem, was passiert ist, fertig werden. »Ich möchte so weiterleben, dass mein Mann stolz auf mich ist«, sagt sie. Die neue Beziehung ist wichtig für ihr Leben. Aber sie weiß auch: So eine Beziehung wie die, die sie mit ihrem Mann geführt hatte, kann und wird es nie sein. »Harald und ich, wir waren damals beide jung, als wir uns kennenlernten. Wir sind mit der Zeit aneinander gewachsen. So etwas werde ich in dieser Form nie wieder haben. Das ist vorbei.«

Wenn sie und ihr neuer Freund heute einen Ausflug machen, gehen sie oft in eine Kirche – einfach, um zwei Kerzen anzuzünden für ihre früheren Partner, die nun tot sind. »Manchmal habe ich das schöne Gefühl, die beiden sind da oben und beobachten uns«, erzählt Margit. Ihre Mutter, fällt ihr nun ein, war beim Tod ihres Mannes genauso alt wie sie, als Harald starb. »Meine Mutter hat nicht mehr geheiratet. Es war ein Problem für sie, nicht zu wissen, ob sie dann später neben ihrem ersten oder ihrem zweiten Mann im Himmel sitzen würde«, berichtet Margit. »Für mich ist das kein Problem«, sagt sie. »Dann sitzen wir eben später zu viert dort oben und spielen Skat.«

Wie Leid das Leben verändert

Kaum jemand kann sich vorstellen, wie Trauernde sich fühlen, wie sehr der Tod eines geliebten Menschen ihre Welt verändert, wie fragwürdig ihnen vieles geworden ist, was einst einen Sinn hatte. Ausgenommen jene, die bereits selbst diese Erfahrung gemacht haben.

Trauer verändert Menschen oft stärker, als sie es selbst für möglich gehalten hätten. Die amerikanische Autorin Joan Didion schreibt in ihrem Buch »Das Jahr magischen Denkens« über die Zeit nach dem Tod ihres Mannes: »Leid, so stellt sich heraus, ist ein Ort, den niemand von uns kennt, solange wir nicht dort sind. Wir ahnen: Jemand, der uns nah ist, könnte sterben, aber wir schauen nicht über den Rand der wenigen Tage oder Wochen hinaus, die diesem eingebildeten Tod folgen. Wir mögen damit rechnen, dass wir niedergeschmettert sind, untröstlich, verrückt angesichts des Verlusts. Aber wir rechnen nicht damit, dass wir wortwörtlich verrückt sind – Leute, die glauben, dass ihr Ehemann zurückkommt.«

Dass Leid ein Ort ist, den niemand wirklich kennt, solange er nicht dort war – diese Erfahrung machen auch viele, die jahrelang durch ihren Beruf mit schmerzlichen Verlusten anderer Menschen konfrontiert wurden. Zu ihnen gehört Birgit S., die innerhalb kurzer Zeit mehrere ihr sehr nahestehende Menschen verlor, wovon der folgende Text berichtet. Die 42-Jährige sagt: »Ich hatte als ehemalige Krankenschwester oft mit Tod und Trauer zu tun. Aber es ist etwas ganz anderes, diese Erfahrung selbst zu machen.« Sie räumt ein, dass sie die Not Trauernder zuvor nur zum Teil habe verstehen können und daher oft Abstand zu Betroffenen hielt – wie viele andere Menschen auch. »Ich mache niemandem einen Vorwurf«, sagt sie heute, »ich habe es früher ja selbst nicht besser gewusst. Muss man das alles selbst durchmachen, bevor man es besser weiß? Vielleicht.«

Die Serie »Mit der Trauer leben« stellt Menschen vor, die darüber berichten, wie der Tod ihnen nahestehender Personen ihr Leben verändert hat. Sie will Trauernden begreiflich machen, dass sie nicht die einzigen sind, die einen schweren Verlust verarbeiten müssen. Und sie will allen anderen eine Ahnung davon vermitteln, was in Trauernden vorgeht – und somit Anregungen geben, wie man Menschen, die eine geliebte Person verloren haben, besser helfen kann.

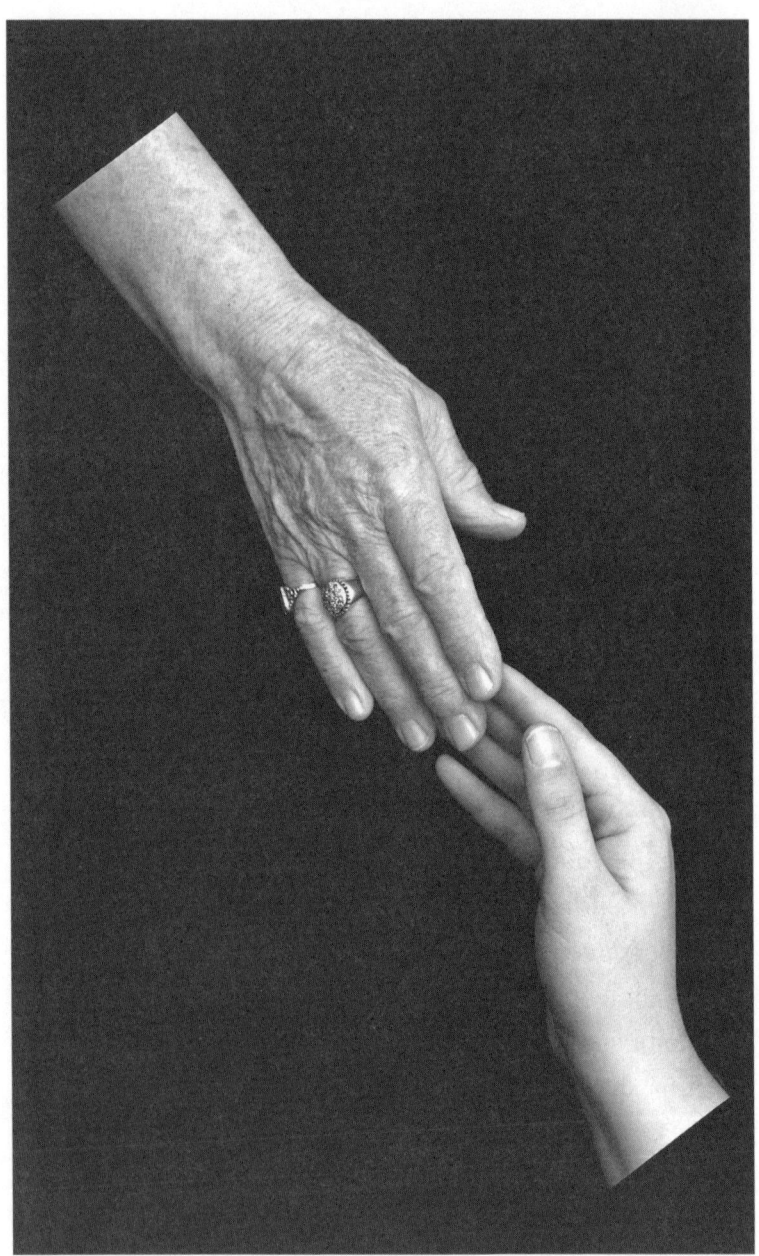

Der Abschied tut weh, die Erinnerung an die Liebe bleibt.

Ich dachte, sie wären immer für mich da

Das Leben knüpft tiefe Verbindungen zwischen
Menschen. Der Tod reißt sie irgendwann auseinander.
Birgit S. trauert um ihre Adoptiveltern. Die Erinnerung
an die Liebe, die ihr von ihnen geschenkt wurde, bleibt.

Von geliebten Menschen Abschied nehmen zu müssen, ist eine sehr schmerzliche Erfahrung. Ein Abschied stand schon am Beginn des Lebens von Birgit S.»Es ist mir heute sehr schwer ums Herz, nun da ich weiß, die Stunde des Abschieds hat geschlagen. Ich weiß, Sie freuen sich, nun endlich ein Kind zu haben, dem Sie Ihre ganze Liebe schenken können.« Mit diesen Worten beginnt der Brief»an die lieben zukünftigen Eltern von Birgit«, in dem ihre leibliche Mutter Abschied nimmt von ihrer kleinen Tochter, die sie zur Adoption freigegeben hatte. Birgit war damals, im Februar 1965, gerade einmal drei Monate alt.

Heute blickt die 42-Jährige dankbar auf die lange Zeit zurück, die sie zusammen mit ihren Adoptiveltern verbringen konnte. Sie starben im Jahr 2005.»Ich hatte eine behütete Kindheit und die besten Eltern, die man sich vorstellen kann«, sagt Birgit S. »Sie hatten sich immer Kinder gewünscht, aber ihr Wunsch war nicht in Erfüllung gegangen. Als ich zu ihnen ins Haus kam, war ich das Wunschkind, das sie glücklich machte. Und auch ich hatte Glück – weil sie meine Eltern wurden.«

Birgits leibliche Mutter hatte kein leichtes Leben. Nach dem Tod ihres Mannes musste sie, auf sich allein gestellt, für ihre fünf Kinder sorgen. Birgit kam einige Zeit später als nichteheliches Kind auf die Welt. Birgits Mutter gab das Mädchen, obwohl es ihr sehr schwer fiel, zur Adoption frei, weil sie glaubte, ihm so ein besseres Leben zu ermöglichen. »Sogar im heutigen so genannten modernen Zeitalter wird ein Kind, das nicht in normale Verhältnisse hineingeboren wird, schief angesehen«, schrieb sie damals in dem Brief an die ihr nicht bekannten Adoptiveltern ihrer Tochter. »In Gedanken gebe ich meinem kleinen Liebling jeden Abend vor dem Schlafengehen ein Kreuzzeichen auf die Stirn. Bitte tun Sie das für mich und seien Sie meinem Kind eine gute Mutter.«

Ihre Adoptiveltern erzählten Birgit sehr frühzeitig, dass sie nicht ihre leibliche Tochter ist. »Ich wusste das schon, als ich drei oder vier Jahre alt war. Ich wuchs in einer ländlichen Gegend auf. Die Leute sprachen über solche Dinge. Meine Eltern wollten nicht, dass ich es von Fremden erfahre.« Dass dies nur eine Frage der Zeit sein würde, war abzusehen. »Das ist ja gar nicht deine richtige Mutter«, wurde das Mädchen von Mitschülern oft gehänselt. Solche Bemerkungen taten weh, aber ein großes Problem waren sie für Birgit nicht. »Ich wusste das ja schon. Außerdem waren meine Adoptiveltern für mich wie meine eigenen Eltern – egal, was andere erzählten.«

Als Birgit 16 Jahre alt war, traf sie zum ersten Mal ihre leibliche Mutter. Vorher war ein Kontakt aufgrund des Adoptionsrechts nicht erlaubt. »Als sie zu uns kam und aus ihrem Auto ausstieg, sah ich mein Spiegelbild vor mir«, erinnert sich Birgit. »Sie war sehr nett und so aufgeregt, dass sie mir fast leid tat.« Birgit blieb nach diesem ersten Treffen mit ihrer leiblichen Mutter in Kontakt. Sie war froh, ihr begegnet zu sein, aber die wichtigsten Bezugspersonen in ihrem Leben blieben ihre Adoptiveltern.

> »Ich kam mir vor, als ob ich auf dem Mond lebte«
>
> Birgit S.
> nach dem Tod der Eltern

Kurz nach dem Treffen erhielt Birgit auch einen Brief von ihrer 27-jährigen Halbschwester, die sie gerne kennenlernen wollte. Zwischen den beiden entwickelte sich schnell ein sehr enges Verhältnis. »Wir trafen uns regelmäßig, fassten ein tiefes Vertrauen zueinander.« Die Halbschwester, die eine sehr wichtige Bezugsperson für Birgit wurde, starb plötzlich und unerwartet. Sie wurde nur 51 Jahre alt. Ihr Tod konfrontierte Birgit zum ersten

Mal unmittelbar mit der Trauer. »24 Jahre kannten wir uns. Wir sind ein großes Stück unseres Lebens zusammen gegangen. Schade, dass uns nicht mehr Zeit blieb. Aber ich bin froh, dass wir uns fanden und zumindest dieses Stück gemeinsam gehen konnten.«

Das Leben knüpft tiefe Verbindungen zwischen Menschen, und irgendwann – manchmal erst nach langer Zeit, oft schon sehr früh – reißt es sie wieder auseinander. Vier Monate nach dem Tod ihrer Halbschwester starb Birgits Adoptivvater, den sie wie ihren eigenen Vater geliebt hatte. »Die Wochen nach seinem Tod waren die bis dahin schlimmsten meines Lebens«, sagt sie. Kurz darauf wurde auch ihre Adoptivmutter krank. »Ich sah, wie sie körperlich immer mehr abbaute, wie zuvor mein Vater. Als ehemalige Krankenschwester wusste ich, was das bedeutet. Aber es so unmittelbar bei den eigenen Eltern zu erleben: das tat weh.« Meine Mutter, mein Vater, die eigenen Eltern – wenn Birgit erzählt, wird klar, dass die Beziehung zu Adoptiveltern ebenso tief oder noch tiefer sein kann als die zu leiblichen Eltern.

Birgits Adoptivmutter starb an Heiligabend 2005. Schon Wochen zuvor, als es ihr immer schlechter ging, hatte sie gesagt: »Birgit, ich glaube, ich bin nicht mehr lange da.« Der Tod der 83-Jährigen kam nicht gänzlich unerwartet, aber dennoch überraschend. Birgit war auf die Trauer, die danach von ihr Besitz ergriff, nicht vorbereitet. In nur einem Jahr hatte sie erst ihre Schwester, dann Vater und Mutter verloren. »Sie waren immer für mich da. Ich dachte, sie wären ewig da. Und dann waren sie auf einmal weg.«

Es war Heiligabend, das Fest der Familie. Birgit wollte anderen den Tod ihrer Mutter mitteilen, ließ es dann aber doch sein. »Ich dachte mir: Ich verderbe doch allen, die ich jetzt anrufe, das Weihnachtsfest.« Am nächsten Tag schickte sie einer guten Freundin, die in einem 400 Kilometer entfernten Ort lebt, eine SMS. Die Freundin kam nach den Feiertagen, die sie mit ihrer Familie verbrachte, zu Birgit, um in dieser schweren Zeit bei ihr zu sein. Sie blieb drei Tage lang. »Dieser Besuch half mir sehr. Ich werde meiner Freundin nie vergessen, dass sie mich damals nicht allein ließ«, sagt sie. Auch eine Nachbarin ihrer Adoptiveltern sprach in der Folgezeit oft mit Birgit über den Verlust. Aber die meisten Menschen verhielten sich ihr gegenüber so, als ob überhaupt nichts passiert sei. »Ich kam mir vor, als ob ich auf dem Mond lebte. Kaum jemand meldete sich bei mir, über Monate hinweg.«

»Viele ziehen sich zurück von Menschen, die trauern«, sagt Birgit. »Ich hatte als ehemalige Krankenschwester oft mit Tod und Trauer zu tun. Aber es ist etwas ganz anderes, diese Erfahrung selbst zu machen. Heute würde ich mich Trauernden gegenüber anders verhalten. Ich weiß jetzt: Man muss zu Trauernden Kontakt halten, Nähe

anbieten, sie irgendwie zu stützen versuchen. Aber viele
tun gar nichts. Ich mache niemandem einen Vorwurf. Ich
habe es früher ja selbst nicht besser gewusst«, sagt sie.
»Muss man das alles selbst durchmachen, bevor man es
besser weiß? Vielleicht.«

Trauer belastet nicht nur die Seele, sie zieht oft auch
körperliche Leiden nach sich. Birgit hatte nach dem Tod
der Mutter plötzlich Probleme mit ihrer Stimme. Der
Verlust verschlug ihr im wahrsten Sinne des Wortes die
Sprache. Oft brachte sie kaum noch einen Ton heraus.
Manchmal, berichtet sie, möchte sie ihre Mutter oder
ihre Schwester noch heute anrufen und erzählen, was sie
beschäftigt, und im nächsten Moment wird ihr klar: »Sie
leben nicht mehr. Sie können mir nicht mehr antworten,
nicht einmal zuhören.« Einerseits. Andererseits sind sie
tief in ihr noch so lebendig, als ob sie gar nicht weit weg
wären. Und manchmal, wenn ihr alles zu viel wird, ist es
ihr, als hörte sie ihre Mutter sagen: »Ach Kind, rege dich
doch nicht so auf!«

Wenn Birgit erzählt, wird klar, dass die Gegenwart
eng mit der Vergangenheit verknüpft ist, und dass tief
im Inneren erwachsener Menschen oft das Kind lebendig bleibt, das sie für ihre Eltern zeit ihres Lebens gewesen sind und auch immer bleiben werden. »Ich habe
viel Glück gehabt in meinem Leben«, sagt sie trotz ihrer
Trauer. »Ich habe keine Schulden oder sonstige Sorgen.

Ich habe einen guten Mann. Und ich hatte Eltern, die mich geliebt und alles für mich getan haben. Dafür bin ich dankbar.«

In dem Brief an die Adoptiveltern, die Birgit wie ihr eigenes Kind aufzogen, schrieb Birgits leibliche Mutter vor vielen Jahren: »Ich glaube bestimmt, dass sie Ihnen viel Freude in Ihr Haus bringt und Sie es niemals bereuen, ein kleines Wesen bei sich aufgenommen zu haben.« Sie haben es nie bereut – und Birgit auch nicht. »Ich hatte Glück, dass ich zu diesen Eltern gekommen bin, die mir eine so schöne Kindheit und Jugend ermöglicht haben«, sagt sie. Der Abschied von den Eltern schmerzt noch immer. Aber die Liebe, die ihr von ihnen geschenkt wurde, ist geblieben und gibt ihr weiter Kraft.

Die Zeit ist kein Allheilmittel

Es ist oft schwer, mit Trauernden zu sprechen. Selbst jene, die Anteil nehmen und irgendwie helfen möchten, wissen manchmal nicht, was sie Trauernden sagen sollen. Dabei müssen sie gar nicht unbedingt etwas sagen. Trauernden hilft es oft schon, wenn sie spüren, dass sich Verwandte, Freunde oder Kollegen Zeit für sie nehmen und zuhören. Was Trauernden dagegen überhaupt nicht hilft, sind Phrasen und Floskeln, die einfach so dahingesagt werden. Ganz oben auf der Liste der aufmunternden Sprüche, die Trauernde immer wieder hören, steht der berühmte Satz:»Die Zeit heilt alle Wunden.«

Dieser Satz ist gut gemeint, aber er ist nicht wahr. Die Zeit heilt nicht alle Wunden. Die Zeit – was bedeutet das Wort überhaupt? Wie lange dauert »die Zeit«? Einige Wochen oder Monate? Ein Jahr oder mehrere Jahre? Ein ganzes Leben lang? Die Zeit heile alle Wunden, sagen viele. Aber wie viel Zeit vergehen muss, bis alle Wunden geheilt sind, sagt niemand.

Viele Menschen, über die ich in der Serie »Mit der Trauer leben« berichtet habe, sagten mir, dass sie mit dem Satz »Die Zeit heilt alle Wunden« gar nichts anfangen können. »So ein Quatsch«, erklärte eine Frau dreieinhalb Jahre nach dem Tod ihres Ehemannes: »Wenn die Zeit alle Wunden heilt, dann sollte sie langsam mal damit anfangen.« Eine Mutter sagte mir fünf Jahre nach dem Tod ihres Sohnes: »Ich habe gewartet, dass die Zeit endlich vergeht, weil es immer heißt, die Zeit heile alle Wunden. Aber das stimmt nicht, sie tut es nicht. Bis heute nicht.«

Wer Trauernden sagt, dass die Zeit alle Wunden heilt, meint es vielleicht gut, macht es sich aber auch sehr einfach. Denn wenn es die Zeit ist, die Wunden heilt, muss man ja selbst nichts tun, um Trauernden zu helfen. In ihrem Buch »Wenn ein Kind stirbt« schreibt Mechthild Ritter, Seelsorgerin auf der Kinderkrebsstation der Uniklinik Würzburg: »Wenn Zeit Wunden heilt, ist die Zeit zuständig, ich kann mich heraushalten.« Und sie ergänzt: »Wohl braucht es auch Zeit, damit Wunden heilen, viel Zeit sogar, und zwar die Zeit des Begleiters.« Es ist nicht die Zeit, die Wunden heilt. Es sind die Menschen, die Trauernden Zeit schenken, ihnen zuhören und für sie da sind, wenn sie gebraucht werden.

Ein wenig hilft die Zeit schon, doch sie ist nicht das Wundermittel gegen den Schmerz der Trauer. »Die Zeit heilt längst nicht alle Wunden, aber sie rückt das Unheilbare aus dem Mittelpunkt«, schrieb der Philosoph Blaise Pascal schon vor rund 350 Jahren. Ganz ähnlich äußerte sich der Publizist Johannes Gross, der im Jahr 1999 starb: »Die Zeit lässt kleine Wunden vergessen und lehrt, die großen nicht alle Augenblicke anzurühren. Sie heilt keine.«

Elisabeth M. mit ihrem damals knapp einjährigen Sohn am Grab ihrer Eltern.

Tränen hatte
ich damals keine

Elisabeth M. war sechs Jahre alt, als ihr Vater starb.
Als ihre Mutter starb, war sie 15. Es war nicht die Zeit,
die ihre Wunden heilte, sagt die 49-Jährige heute,
sondern die Auseinandersetzung mit ihrer Trauer.

Was der Tod ist, wie weitreichend seine Folgen sind,
bleibt vielen unbegreiflich. Kinder können oft
gar nicht verstehen, was es bedeutet, wenn ein Mensch
stirbt. Wenn ein Kind noch klein ist, spürt es meist nicht
einmal die Trauer. Elisabeth M. war sechs Jahre alt,
als ihr Vater plötzlich aus dem Leben gerissen wurde.
Er erlitt einen Herzinfarkt. Elisabeths Mutter holte die
Kinder mitten in der Nacht aus dem Bett. Der wenig später eintreffende Notarzt konnte nicht mehr helfen. »Ich
kann mich noch daran erinnern, dass ich am Tag der
Beerdigung schulfrei hatte. Aber ich habe nicht wirklich
verstanden, was passiert ist«, sagt die heute 49-Jährige.
»Als mein Vater aufgebahrt war, sah ich, wie eine Amei-
se über sein Gesicht krabbelte. Ich fragte mich nur, wa-

rum er sie nicht mit der Hand wegscheuchte. Ich habe nicht verstanden, was der Tod ist. Ich habe damals gar nichts verstanden.«

Nach dem Tod des Vaters musste die Familie in eine kleine Mietwohnung umziehen. Über den Tod wurde nicht gesprochen. »Ich habe nie bemerkt, dass meine Mutter geweint hätte«, sagt Elisabeth. »Das Leben ging einfach weiter.« Als sie dann 15 Jahre alt war, erkrankte ihre Mutter an Krebs. Das Leiden war zu spät erkannt worden und verursachte ihr bereits große Schmerzen. »Es ging ihr sehr schlecht. Aber mir war nicht klar, dass sie sterben könnte«, erinnert sich Elisabeth.

Vielleicht wollte sie den Gedanken auch einfach nicht zulassen. Eines Tages kam ihr auf dem Heimweg von der Schule eine Frau entgegen, die sagte, sie solle schnell nach Hause laufen, ihre Mutter sei gestorben. »Ich sagte ihr, sie solle mich in Ruhe lassen«, berichtet Elisabeth. Sie wollte es nicht wahrhaben, wollte es nicht hören.

Nach dem Tod der Mutter waren die vier Geschwister allein. Elisabeth hatte drei Brüder, der jüngste war zwölf, der älteste schon 24. Es gab niemanden in der Verwandtschaft, der sie hätte aufnehmen können. Den minderjährigen Kindern drohte die Unterbringung in einem Heim. Der älteste Bruder, der schon berufstätig war, erhielt unter Vorbehalt die Vormundschaft. So konnten die Geschwister zusammenbleiben.

Was damals in ihr vorging, kann Elisabeth kaum beschreiben. »Es gab niemanden, der mit uns über den Tod
der Mutter gesprochen oder gefragt hat, wie wir zurechtkommen. Es gab sicher Menschen, die Anteil nahmen.
Aber ich habe es nicht wahrgenommen.« Gut erinnert sie
sich dagegen an die Drohung einer Nachbarin: »Wenn ihr
nicht ordentlich seid, kommt ihr ins Heim!«

Der Druck, der auf den Kindern lastete, war groß. Es
blieb kaum Zeit, der Trauer Raum zu geben. »Ich musste waschen und kochen«, erzählt Elisabeth. »Ich war 15
und konnte noch nicht kochen. Ich nahm das Kochbuch
und hangelte mich Wort für Wort an den Rezepten ent-
lang.« Ein Bild kam ihr
damals oft in den Sinn,
ein Symbol für ihre Le-
benssituation: »Uns vier
Geschwistern fehlte nach

> »Ich versteinerte,
> ohne es zu merken«
> Elisabeth M.
> nach dem Tod ihrer Mutter

dem Tod von Vater und Mutter das Zentrum der Familie,
Herz und Kopf. Wir waren wie die vier Gliedmaßen eines
Körpers, denen die verbindende Mitte fehlt – losgelöst,
ohne Halt, eigentlich lebensunfähig.«

An das erste Weihnachtsfest mit ihren Brüdern nach
dem Tod der Mutter erinnert sich Elisabeth noch deutlich: »Ich stellte den Christbaum auf und zündete die
Wachskerzen an, so wie immer, als wäre das normal. Ich
dachte, Mutti müsste jeden Moment hereinkommen. Aber

sie kam nicht. Wir haben uns mit Kochen abgelenkt.« Die Kinder kamen zurecht, so schwer es auch war.»Ich habe mein Herz zugemacht, den Schmerz nicht an mich herangelassen«, sagt Elisabeth.»Ich musste funktionieren.«

Es war ein schmaler Grat, auf dem sie damals wandelte.»Einmal fing ich an, die hochdosierten Medikamente meiner Mutter, die noch in der Wohnung waren, einzunehmen. Mein Bruder kam gerade noch dazwischen. Ich wollte weg sein aus dieser Welt, aus diesem Leben. Der Tod schien mir eine gute Alternative zu sein.« Ein andermal, erinnert sich Elisabeth, wäre sie fast von einem Bus überfahren worden.»Ein Freund zog mich gerade noch zur Seite.«

In Elisabeths Leben war nichts mehr normal. Sie war 15, steckte mitten in der Pubertät, in der andere Jugendliche beginnen, sich langsam vom Elternhaus zu lösen.»Über diese Phase brauchte ich mir keine Gedanken zu machen. Meine Eltern waren ja gar nicht mehr da«, sagt Elisabeth. Die Beziehung zu den Eltern, zur Mutter, zur eigenen Kindheit war abrupt beendet worden.»Heute weiß ich, dass mir diese Entwicklungsstufe, das Ausleben der Pubertät, fehlt«, sagt Elisabeth.»Ich wurde damals ins kalte Wasser geworfen und musste gleich schwimmen.«

Wie andere Jugendliche hätte sich die 15-Jährige gerne verliebt, doch aus Angst vor neuen Verlusten verschloss sie ihr Herz.»Tränen hatte ich damals keine«, sagt Elisabeth. Manchmal fand sie sich in eigenartigen Situationen wieder. »Ich sehe mich noch heute auf dem Friedhof am Grab meiner Eltern stehen im Alter von 15, 16 Jahren. Die Frauen, die die benachbarten Gräber besuchten, waren mindestens 50 oder 60 Jahre alt. Sie sprachen davon, wie schlimm es für meine Eltern gewesen sein musste, so jung zu sterben. Sie sprachen nicht von mir. Und dann erzählten sie von ihren eigenen Verlusten. Irgendwann begann ich, tröstend auf sie einzureden. Ich habe das so oft getan, dass ich wirklich glaubte, mit meiner eigenen Situation gut klarzukommen.« Elisabeth schob den Schmerz beiseite, versuchte das Leben einfach weiterlaufen zu lassen. »Ich funktionierte«, sagt sie, »versteinerte aber gleichzeitig – ohne es zu merken.«

Als junge Frau hatte Elisabeth Probleme, sich auf Bindungen einzulassen. Sie begann zu trinken, spielte mit ihrem Leben. Irgendwann gewann sie doch festen Boden unter den Füßen. Mit Mitte zwanzig heiratete sie. Ihr Leben schien fast »normal« geworden zu sein. Aber das war es nicht. An Geburtstagen, die andere fröhlich feierten, überfiel sie jedes Mal eine große Schwermut. Sie begann, sich mit Tod und Trauer zu beschäftigen, las viele Bücher über das Thema. 1986 besuchte sie ein Seminar der Sterbe- und Trauerforscherin Elisabeth Kübler-Ross. »Das war eine wichtige Erfahrung. Mir wurde klar, dass ich noch immer bis obenhin voll war mit Schmerz, Wut und Traurigkeit.«

Zwei Jahre später wurde Elisabeths Sohn geboren. Die Geburt war kompliziert und schmerzhaft. Es ging um Leben und Tod. Das Baby wurde wiederbelebt und musste in eine Kinderklinik verlegt werden. Wieder hatte das Leben eine Extremsituation geschaffen, in der Elisabeth »funktionieren« musste. Lange blieb unklar, ob ihr Kind Behinderungen davontragen würde. Diese Befürchtung bewahrheitete sich zum Glück nicht. Aber das Kind erkrankte an anderen Leiden – zuerst an Neurodermitis, dann an Asthma. »Ich wollte eine glückliche Mutter sein. Aber ich war überfordert, alles war sehr anstrengend, und mein Sohn verlangte ständig nach mir«, sagt Elisabeth.

Durch ihre Ausbildung zur Heilpädagogin erfuhr Elisabeth vom Problem der Bindungsstörung. Kinder, die unmittelbar nach der Geburt nicht bei der Mutter bleiben können, sondern, so wie ihr eigener Sohn, in einem Brutkasten versorgt werden müssen, leiden oft unter einer solchen Störung, berichtet sie. »Über diese unterbrochene Bindung kam ich meiner eigenen Bindungsstörung auf die Spur, die mit meiner Kindheit zu tun hatte. Ich erkannte plötzlich viele Probleme meines eigenen Lebens wieder. Mein Sohn war der Auslöser für diesen schmerzhaften, aber heilenden Prozess, an dessen Ende ich zu einem anderen Menschen wurde.« Dies alles, berichtet Elisabeth, seien Mosaiksteine ihres Lebens, von denen sie keinen missen möchte. »Mein Leben war nicht einfach.

Aber es ergibt so, wie es war, einen Sinn für mich.« In ihrem Beruf als Heilpädagogin könne sie das Thema Tod ansprechen, wenn es nötig sei. »Ich gerate nicht in Panik, wenn jemand traurig ist und weint. Ich kenne das. Es macht mir keine Angst.« Schwermut und Traurigkeit, die ihr Leben lange beherrscht hatten, sind heute verschwunden. »Ich fühle mich geborgen. Das hat für mich nichts mit Gott zu tun. Aber ich spüre meine Mutter. Ich habe das Gefühl, sie ständig bei mir zu haben.«

Elisabeth denkt heute oft daran, dass geliebte Menschen jederzeit sterben können, »zu einem Zeitpunkt, den nicht wir bestimmen. Auf manche wirkt das befremdend. Für mich ist es normal«, sagt die 49-Jährige. »Als ich erkannte, dass unsere Verstorbenen wollen, dass es uns gut geht hier auf Erden – und vor allen Dingen, dass es ihnen gut geht dort, wo sie sind – ab da wuchs in mir die Zuversicht für mein Leben. Ich fühle mich begleitet auf meinem Lebensweg, und wenn meine Zeit gekommen ist, dann sterbe ich auch.«

Von Trauer und Depression

Trauer ist keine Krankheit, aber sie kann krank machen. Sie verwundet die Seele und kann auch der körperlichen Gesundheit Schaden zufügen. Zu den Symptomen, die bei Trauernden verstärkt auftreten können, zählen neben der allgemeinen Niedergeschlagenheit zum Beispiel Schlaflosigkeit, Appetitlosigkeit, Anfälligkeit für Infektionskrankheiten, Abhängigkeit von Beruhigungsmitteln und depressive Stimmungen, die in eine schwere Depression übergehen können.

Wenn der Partner stirbt, müssen die, die zurückbleiben, nicht nur von einem geliebten Menschen Abschied nehmen, sondern auch von vielen lieb gewordenen Gewohnheiten des gemeinsamen Lebens, das nun zu Ende ist. Alles ist auf einmal völlig anders. Viele fühlen sich innerlich leer, sehen keine Zukunft mehr. Vieles wird gleichgültig angesichts des Verlusts, den Trauernde erlitten haben. Dem Leben kommt oft der Sinn abhanden. Die Vergangenheit erscheint in hellem Licht, die Zukunft dunkel.

Viele Trauernde ziehen sich zurück. Sie fühlen sich unsicher, nur noch wie ein Schatten ihrer selbst. Ihre Konzentrationsfähigkeit lässt nach. Was früher leicht bewältigt wurde, bedeutet auf einmal eine ungeheure Anstrengung. Oft können Trauernde schlecht einschlafen, und manchmal wünschen sie sich, bevor sie einschlafen, nie mehr aufzuwachen.

Manche Trauernde sind nicht mehr in der Lage zu arbeiten. Ihre Gedanken kreisen nur noch um den Verlust. So ging es auch Gerhard M., dessen Erfahrungen Thema des folgenden Berichts sind. Die Krankheit und der Tod seiner Frau stürzten ihn in eine schwere Depression. Er verlor seinen Lebensmut, das Vertrauen in die Zukunft und auch das Vertrauen in sich selbst. Menschen, die zu einem halten, sind das Wichtigste in der Zeit der Trauer. Manchmal ist selbst die liebevolle Nähe solcher Menschen nicht mehr genug. Wer in eine Depression fällt, braucht ärztliche Hilfe und sollte nicht zögern, sie zu suchen. Depressionen können heute gut behandelt werden. Die Trauer selbst ist ein langer Weg. Aber sie ist nicht das Ende des Weges. Auch das zeigt die Geschichte von Gerhard M., der ohne seine Frau nicht mehr weiterleben wollte und heute das Leben trotz seines Verlusts wieder als lebenswert empfindet.

Man darf sich niemals aufgeben. Wer es doch tut und nicht mehr weiter weiß, sollte Hilfe in Anspruch nehmen und dem Leben die Chance und die Zeit geben, sich irgendwann wieder von einer besseren Seite zu zeigen. Es wird dann ein anderes Leben sein. Aber es kann trotzdem wieder gut werden – auf eine andere, neue Weise.

Die Trauer kann oft in eine tiefe Depression führen.

Ich hatte Angst
vor jedem neuen Tag

Krankheit und Tod seiner Frau stürzten Gerhard M.
(Name geändert) in eine schwere Depression. Es gab
viele Momente, da wollte er nicht mehr weiterleben.
Heute blickt er wieder nach vorne.

Auf dem Schrank im Wohnzimmer stehen gerahmte
Fotos, Momentaufnahmen aus dem Leben einer
glücklichen Familie. Eine glückliche Familie, das waren
sie gewesen, erzählt Gerhard M. Bis zu jenem Tag, an dem
seine Frau erfuhr, dass sie unheilbar krank war. Von da
an war alles anders.

Als der Krebs entdeckt wurde, war es für eine Operation
schon zu spät. »Sie wird nicht mehr lange leben«, sagte
der Arzt damals, im Januar 2004, zu Gerhard. Auf diese
Nachricht war er nicht vorbereitet. Seine Frau war wegen
Rückenproblemen behandelt worden. Ihre Schmerzen kamen aber von dem Tumor, der bereits auf die Wirbelsäule drückte. »Wenn der Tumor frühzeitig erkannt worden
wäre, könnte Gudrun noch leben«, sagt Gerhard. Wäre,

könnte – es ist sinnlos, das immer wieder von neuem gedanklich durchzuspielen. Gerhard weiß das. Trotzdem quält ihn die Frage, was gewesen wäre, wenn – immer wieder, wie ein Bumerang, den er von sich wegwirft, der aber dennoch zu ihm zurückfliegt.

Seine Frau habe die Diagnose gefasst aufgenommen, berichtet Gerhard. Er selbst fiel immer mehr in eine Depression. Äußerlich war ihm wenig anzumerken, aber in ihm wurde es immer dunkler. Der Gedanke, diese Welt zu verlassen, erschien ihm bald als einziger Ausweg aus einer ausweglosen Situation.

An einem grauen, regnerischen Sonntagmorgen schloss Gerhard die Tür hinter sich und ging, von seiner Familie zunächst unbemerkt, in den Wald. »Es war stürmisch, Graupelschauer gingen nieder. Es sah aus wie der Anfang vom Ende der Welt«, berichtet der 56-Jährige. »Ich wollte nur noch weg sein. Ich dachte in dieser Situation nicht mehr an Familie, Kinder, Freunde.« Gerhard wollte sich das Leben nehmen und hatte sich schon überlegt, wie. Wenig später kam die Sonne hinter den Wolken hervor. »Das war wie ein Fingerzeig. Mir wurde klar: Ich muss mich kümmern. Ich werde gebraucht.«

Wegen seiner Depression begab sich Gerhard in psychiatrische Behandlung, verbrachte einige Wochen in einer Klinik. Als er wieder nach Hause kam, nahm ihn seine Frau in die Arme. Sie war froh, dass er wieder da war, machte ihm keine Vorwürfe. Sie wusste: Es war ihre Krankheit, die seinen Lebensmut zerstörte. »Du musst weiterleben, auch für die Kinder«, sagte sie ihm. Die beiden Söhne waren zwar schon erwachsen, 24 und 29 Jahre alt. Aber der Vater sollte ihnen bleiben, wenn sie selbst nicht mehr da sein würde.

Die Trauer beginnt nicht immer erst nach dem Tod. Oft stellt sie sich schon ein, wenn ein Mensch, den man liebt, im Sterben liegt und klar ist, dass das gemeinsame Leben bald vorbei sein wird. Das Wissen um den bevorstehenden Abschied stürzte Gerhard in eine große Schwermut. Er fiel in ein tiefes, schwarzes Loch. Es gab keine Hoffnung, dass seine Frau geheilt werden könnte. Es gab nicht einmal die Aussicht, dass Gudrun mit Beeinträchtigungen würde weiterleben können. Es gab nur noch diese quälende, unaufhaltsam ablaufende Zeit im Wartezimmer des Todes.

»Ich sah keinen Sinn mehr im Leben«
Gerhard M.
über seine Trauer

Genau genommen war das gemeinsame Leben, wie sie es kannten, ja schon zu Ende. Nichts war mehr so wie früher. »Wir waren glücklich, hatten noch viel vor«, berichtet Gerhard. Menschen machen Pläne. Das Leben kümmert sich nicht darum. Gudrun ging es immer schlechter. Die letzten beiden Monate ihres Lebens konnte sie kaum noch aufstehen. Sie trug es mit Fassung, war sehr tapfer, sagt Gerhard. Gudrun starb im September 2004. Sie wurde nur 46 Jahre alt.

Fast 30 Jahre ihres Lebens verbrachten Gerhard und Gudrun gemeinsam. »Bis dass der Tod euch scheidet«, heißt es im Eheversprechen. Das klingt sehr nüchtern – fast so wie in einem Vertrag, dessen Grundlage wegen unvorhersehbarer Umstände plötzlich entfällt. Es fühlt sich aber ganz anders an. Die Liebe stirbt nicht so schnell, wie der Tod eine Ehe beendet. »Ich weiß noch genau, wie ich nach der Beisetzung vor der Urnenwand stand und dachte: Wie soll es nun weitergehen ohne dich?«, erzählt Gerhard. »Fragen über Fragen. Aber ich konnte meine Frau nichts mehr fragen. Ich erhielt keine Antwort. Alles blieb stumm.«

Der Friedhof liegt ganz in der Nähe von Gerhards Haus. Vom Fenster aus kann er ihn sehen. Gerhard ging jeden Tag zum Grab. »Die Sonne sank, bevor es Abend wurde«, lautet die Grabinschrift. Sein Haus wirkte auf ihn nur noch wie die Kulisse seines früheren Lebens, das nun vorbei war. Es gab viele Menschen, die versuchten, ihm irgendwie Trost zuzusprechen. Aber es gab keinen Trost für ihn. Der einzige Trost, den er hatte, war das Wissen, dass seine Frau von ihren Leiden erlöst war. »Ich sah keinen Sinn mehr im Leben«, berichtet Gerhard. »Ich hatte Angst vor jedem neuen Tag.«

Gerhard war in seinen Gedanken oft mit sich allein, auch wenn er mit Menschen sprach, die ihm nahestanden, wie seinen Kindern. Nicht, dass sie ihm nichts zu sagen gehabt hätten. Aber was sie sagten, erreichte ihn nicht. Die Depression, die ihn gefangen hielt, stand wie eine unsichtbare Wand zwischen ihm und der Welt. Was er anderen nicht erzählen konnte oder erzählen wollte, um sie nicht zu belasten, schrieb er auf kleine Zettel. »Ich weiß keine Lösung mehr«, ist auf einem zu lesen. »Ich sitze hier einsam im Haus und weiß mir keinen Rat mehr. Was habe ich nur verbrochen?«

Die meisten dieser Zettel hat Gerhard aufbewahrt. Es ist ein dicker Packen. »Ohne Job kein Geld, keine Existenz, ein Leben nicht mehr möglich. Fürchterlich, wie eine glückliche Familie zerbrechen kann.« Er hatte Angst vor der Zukunft. Oft war in ihm nur noch eine furchtbare Leere, die sich um die Zukunft gar keine Gedanken mehr machte: »Ich kann nicht mehr. Mir ist die Lust an allem vergangen, weil es einfach keine Zukunft mehr gibt. Für mich steht die Zeit still.« Oder: »Mir fehlt der Wille und die Kraft, ohne meine Frau weiterzuleben. Meine Tage sind gezählt. Ich bin am Ende angelangt.«

Das Leben geht weiter, sagen viele, die Trauernde trösten möchten. Manchmal wäre es Trauernden lieber, wenn das Leben nicht weiterginge. »Was ist das bloß noch für ein Leben«, schrieb Gerhard ein Jahr nach dem Tod seiner Frau. »Ihr wisst ja gar nicht, welche Last ich mit mir herumtrage. Jeder sagt so leicht: Das Leben geht weiter. Sicher geht es weiter, aber wie?« Das Gefühl, für andere nur noch eine Last zu sein, machte seinen Zustand noch schlimmer: »Ich ziehe alle mit mir runter«, schrieb Gerhard. »Meine Kinder tun mir so furchtbar leid.«

Seine Kinder waren es, die Gerhard am meisten geholfen haben. Sie waren sehr stark in dieser Zeit. Besonders sein jüngster Sohn, heute 27 Jahre alt, der noch zu Hause wohnt und schon während der Krankheit seiner Mutter mit seinem Bruder deren Pflege zu Hause übernommen hatte. Gerhard weiß, dass er seinen Söhnen viel zu verdanken hat. Eine wichtige Stütze für ihn war auch ein Arbeitskollege: »Ich konnte ihn immer anrufen, Tag und Nacht.« Auch zwei Freundinnen der Familie, mit denen er lange Gespräche führte, machten ihm Mut. Oder sein Bruder, der in der Nähe wohnt und der viel mit ihm unternommen hat. Ihnen allen wird er ihre Hilfe nie vergessen.

Aufgrund seiner Depression war Gerhard arbeitsunfähig und lange nicht in der Lage, in seinen Beruf zurückzukehren. Er nahm Antidepressiva, war in ärztlicher Behandlung, mehrfach auch in einer Klinik. Ihm fehlte der Boden unter den Füßen. Einmal blieb er bei einem Spaziergang an einem Steinbruch stehen und blickte in die Tiefe. »Ich weiß nicht, wie lange ich dort stand«, berichtet er. »Ich wollte nicht springen, aber der Gedanke kreiste in meinem Kopf und ich bekam ihn nicht mehr los.« Nach einiger Zeit kam sein Bruder, der ihn gesucht hatte. Gemeinsam gingen sie dann nach Hause.

Die Schwermut knüpfte immer neue Fäden und hielt Gerhard wie in einem dunklen, undurchdringlichen Spinnennetz gefangen. »Manche kommen schnell aus einer Depression wieder heraus. Bei mir dauerte es zwei Jahre«, erzählt er. Im Sommer 2006 kehrte er wieder in seinen Beruf zurück. Gerhard ging wieder in Konzerte, sah sich Fußballspiele an, konnte sich wieder freuen. Es war ein langer Weg. »Ich möchte nie wieder dorthin zurück, wo ich gewesen war«, sagt er. »Ich wünsche keinem Menschen, dass er das durchmachen muss, was ich hinter mir habe.«

Es ist noch nicht lange her, da war für Gerhard das Leben nur noch eine Last, die er loswerden wollte. Heute sagt der 56-Jährige: »Das Leben ist lebenswert.« Er kann sich inzwischen sogar vorstellen, irgendwann eine neue Beziehung einzugehen. »Die Erinnerung lebt«, sagt er. »Doch ich muss auch die Zukunft im Blick behalten.« Gibt es ein Leben nach dem Tod? »Ich weiß es nicht«, sagt Gerhard. »Aber ich glaube, Gudrun ist auf irgendeine Weise noch da und hat alles im Blick. Und vielleicht sorgt sie ja dafür, dass wir ab jetzt ein bisschen mehr Glück haben.«

Angst und Wut in der Trauer

Seit der erste Text der Serie »Mit der Trauer leben« in der Zeitung veröffentlicht wurde, haben mich zahlreiche Briefe von Lesern erreicht. Es sind meist sehr persönliche Schreiben, deren Verfasser von ihrem eigenen Verlust berichten – vom Tod eines Menschen, den sie sehr geliebt haben und meist immer noch lieben, obwohl er nun tot ist. Es sind Briefe von Lesern, die in ihrer Trauer bei einem bestimmten Problem um Rat fragen oder die ihrerseits davon erzählen, was ihnen dabei geholfen hat, mit ihrer Trauer zu leben. In vielen Fällen hat sich aus diesen Kontakten ein ausführliches persönliches Gespräch ergeben, dessen Inhalt Grundlage war für einen weiteren Bericht im Rahmen der Serie »Mit der Trauer leben«.

Es sind unterschiedliche Menschen, die mir schreiben: Frauen wie Männer, Ältere wie Jüngere. Sie trauern um ihren Ehe- oder Lebenspartner, ihren Sohn oder ihre Tochter, ihre Mutter oder ihren Vater. Gemeinsam ist allen der Schmerz über den Verlust, den sie erlitten haben. Deshalb können viele ihren eigenen Weg durch die Trauer zumindest teilweise wiedererkennen in den Berichten über Erfahrungen, die andere gemacht haben.

Eine Leserin drückte dies in einem Brief so aus: »Die Berichte über Trauer haben mir geholfen, denn da merkt man, dass man mit seinem Schicksal nicht der einzige ist, dass jeder eine Lebens-Leidensgeschichte und eine endgültige Trennung durch den Tod erlebt hat, dass jeder auf seine Weise einen Weg durch die schwere Zeit danach finden muss.«

Genau darum geht es: Kaum jemand bleibt in seinem Leben von der Trauer verschont, aber jeder muss auf seine Weise einen Weg durch diese schwere Zeit finden. Manche so genannte Helfer behaupten, es gebe allgemeingültige Rezepte gegen die Trauer. Ich glaube das nicht. So verschieden die Menschen sind, so unterschiedlich reagieren sie auch auf einen Verlust. Und nicht alle haben in ihrem Unglück das Glück, nur positive Erinnerungen an einen gestorbenen Menschen in sich zu tragen. Manchmal war das Verhältnis schwierig und belastet, was das Abschiednehmen zusätzlich erschwert.

Die Leserin Barbara W. schrieb mir hierzu: »Das Thema Trauer hat viele Gesichter – was aber ist mit den Angstgesichtern? Nicht jedem ist es vergönnt, in Liebe zu trauern. Viele trauern mit Angst und Panik. Bitte vergessen Sie diese Menschen nicht.« Auch solche Erfahrungen waren schon Thema in der Serie »Mit der Trauer leben«, wenn auch nur am Rande. Der folgende Bericht beschreibt, wie Barbara W. den Tod ihrer Mutter erlebte und wie die Trauer ihr Leben veränderte.

Nach dem Suizid ihrer Mutter litt Barbara W. unter Angstzuständen.

Es war, als ob auf meinem Herzen ein Stein liegt

Liebevolle Erinnerungen an einen Menschen, der tot ist, tun weh, aber sie sind auch ein Trost. Die Trauer von Barbara W. war anders. Die Gefühle, die sie nach dem Tod ihrer Mutter quälten, waren Angst und Wut.

Am Morgen jenes Tages, der ihr Leben von Grund auf veränderte, brachte Barbara W. ihrer Mutter das Frühstück. Die 73-Jährige lebte seit einiger Zeit in der Einliegerwohnung des Hauses, das Barbara mit ihrer Familie bewohnt. Barbara verabschiedete sich und fuhr zur Arbeit. Gegen Mittag rief sie ihre Mutter noch einmal an, um sie zu fragen, wie es ihr geht. Barbaras Mutter war Alkoholikerin und hatte Depressionen. »Ich bin gegen 18 Uhr zu Hause«, sagte Barbara und wandte sich wieder ihrer Arbeit zu.

Einige Zeit später wurde ihr plötzlich eiskalt. »Ich fror wie noch nie in meinem Leben«, erinnert sie sich. Ein Gefühl, für das sie keine Erklärung hatte. Als sie am Abend das Haus betrat, war alles dunkel und still. Sie öffnete die

Tür zur Wohnung ihrer Mutter. Der Kater kam ihr mit
gesträubtem Fell entgegen und rannte davon. Barbara
machte Licht und rief ihre Mutter. Keine Antwort. Die
Tür zum Badezimmer stand einen Spalt offen. Als Barbara hineinging, sah sie ihre Mutter in der Badewanne liegen, tot. Sie hatte sich das Leben genommen.

»Ich konnte sie nicht retten, dieses Mal kam ich zu
spät«, sagt Barbara. Wie hatte alles angefangen? Als junge
Frau sei ihre Mutter sehr lebenslustig gewesen und in eine
Großstadt gezogen, wo sie eine Arbeit gefunden hatte. Barbara, heute 51 Jahre alt, kam als nichteheliches Kind zur
Welt. Die Situation war nicht einfach, damals in den 50er
Jahren. Barbara wuchs bei ihren Großeltern auf. Ihre Mutter blieb in der rund 200 Kilometer entfernten Stadt, wo
sie arbeitete, wohnen. Irgendwann hatte sie angefangen zu
trinken und verfiel immer mehr dem Alkohol. »Meine Mutter hat bereits in jungen Jahren einige Entziehungskuren
gemacht«, berichtet Barbara. »Mein Stiefvater, den sie
nach meiner Geburt heiratete, war ihr ein guter Ehemann.
Aber vom Alkohol kam sie nie ganz los.« Es gab Zeiten, da
ging es lange gut. Aber dann hatte sie wieder Rückfälle.

Als Mädchen bekam Barbara davon nicht allzu viel mit.
Ihre Mutter sah sie nur selten. Als erwachsene Frau, die
längst ihre eigene Familie hatte, hielt Barbara Kontakt zu
ihrer Mutter. Doch das Verhältnis zwischen ihnen war nie
sehr eng. »Der Verfall meiner Mutter begann, als ihr Mann,

mit dem sie 45 Jahre verheiratet war, starb«, sagt Barbara. Das war im November 2001. »Wir boten ihr an, zu uns zu kommen. Aber sie wollte nicht.« Barbaras Mutter aß immer weniger, trank immer mehr. Irgendwann war sie auf 43 Kilogramm abgemagert und musste ins Krankenhaus. Als sie wieder zu Hause war, fuhr Barbara fast jedes Wochenende zu ihr, 200 Kilometer weit, ein dreiviertel Jahr lang. Aber ihre Mutter trank weiter, unternahm einen Suizidversuch, wurde in einer psychiatrischen Klinik behandelt. Schließlich holte Barbara sie zu sich.

Von da an besserte sich ihr Zustand. »Wir haben viel gemeinsam unternommen und verstanden uns gut«, sagt Barbara. Doch nach etwa zwei Jahren fing ihre Mutter wieder an zu trinken. Sie konnte nur noch schlecht sehen, der Arzt

> »Ich hatte Angstschübe, zitterte am ganzen Leib«
>
> Barbara W.
> nach dem Tod der Mutter

sagte ihr, sie werde erblinden. Sie war deshalb sehr deprimiert, trank jeden Tag, meist hochprozentigen Alkohol. Nachschub besorgte sie sich in einem nahen Markt und einer Tankstelle. Die Bitte ihrer Tochter, sich in eine Klinik zu begeben, lehnte sie ab. Barbara hoffte, dass ihre Mutter, so wie schon oft, wieder aus ihrem Tief herausfindet. Eine vergebliche Hoffnung. Auf den Tag genau vier Jahre, nachdem ihr Mann gestorben war, nahm sich die 73-Jährige das Leben.

Am Abend jenes Tages, an dem Barbara ihre Mutter tot auffand, spürte sie keine Trauer. Zuerst war da nur der Schock. Die Polizei ermittelte, stellte immer neue Fragen. Es schien Barbara fast so, als ob ein Verbrechen in ihrem Haus begangen worden wäre, an dem sie mitschuldig war. Das Schlimmste aber waren die Angstzustände, die sie in der Zeit danach überfielen. »Ich kam mir vor wie in einem Horrorfilm«, sagt die 51-Jährige. »Ich bekam Panikattacken. Ich glaubte zu hören, wie meine Mutter im Haus umherging. Ich war voller Angst und schlief nicht mehr allein im Zimmer, wenn mein Mann mal weg war.«

Liebevolle Gedanken hatte Barbara nicht, wenn sie an ihre Mutter dachte. Es waren vor allem Panik und Angst, die sie beherrschten und quälten. »Ich hatte nachts manchmal das Gefühl, meine Mutter sitzt neben meinem Bett. Tagsüber glaubte ich oft, sie steht neben oder hinter mir. Ich konnte sie fast spüren«, sagt Barbara. Nachts war sie unruhig, Geräusche machten ihr Angst. »Ich war nie ein furchtsamer Mensch, aber nach dem Suizid meiner Mutter hatte ich regelrechte Angstschübe, zitterte am ganzen Leib. Am liebsten wäre ich ausgezogen und hätte das ganze Haus verkauft«, sagt sie.

Auch als die Wohnung, in der sich ihre Mutter das Leben genommen hatte, einige Monate später ausgeräumt, gereinigt und neu gestrichen war, wurde Barbara noch von Albträumen verfolgt. Träume, in denen ihre Mutter plötzlich vor ihr stand. In denen sie fragte, wo sie denn jetzt hin solle, oder wo ihre Kleider seien. »Die brauchst du nicht mehr, du bist gestorben«, antwortete ihr Barbara im Traum. »Meine Mutter war in diesen Träumen nicht böse«, sagt die 51-Jährige. »Aber es war unheimlich. Sie war einfach weiter da und wollte nicht gehen. Sie saß mir regelrecht auf der Seele.« Barbara suchte eine Therapeutin auf. Die Gespräche halfen ihr dabei, ihre Furcht einzudämmen. »Sie werden nach Hause gehen und Ihre Mutter nicht mehr vorfinden«, gab ihr die Therapeutin mit auf den Weg. Aber ganz verschwand die Angst trotzdem nicht.

Oft packte Barbara eine große Wut auf ihre Mutter, wenn sie auf die gemeinsame Zeit zurückblickte. Als sie ein Kind war, sei ihre Mutter nie für sie da gewesen, erzählt Barbara. Als sie erwachsen war, bekam sie ihre Mutter zurück, aber in einem Zustand, in dem sie so hilflos war wie ein Kind – ein Kind zudem, das ihr große Sorgen bereitete.

»Sie hat mir so viel Leid zugefügt«, erinnert sich Barbara. »Sie hat versucht, mir das Leben zu nehmen, als sie mit mir schwanger war. Sie gab mich weg, als ich sieben Tage alt war. Als ich vier Jahre alt war, holte sie mich erstmals einige Wochen zu sich, ließ mich abends in der Wohnung allein und ging aus. Als sie selbst alt und einsam war, holte ich sie zu mir, gab ihr ein Heim und ließ sie teilnehmen an meinem Leben. Ich war für sie da. Aber sie hat mich wieder alleingelassen. Sie hat sich das Leben genommen, ohne Rücksicht darauf, was das für mich bedeutet«, sagt die 51-Jährige. »Ich war wütend, weil sie mir durch ihren Suizid auch noch die Freude an unserem Haus genommen hat, das wir uns so hart erarbeitet hatten. Was aus mir wird, war ihr immer egal.«

Ist es leichter, Abschied zu nehmen, wenn das Verhältnis schwierig und belastet war? »Viele denken wohl so«, sagt Barbara. »Aber so einfach ist es nicht.« Sie konnte lange nicht um ihre Mutter weinen. Ihre Gefühle waren völlig durcheinander. »Es war, als ob auf meinem Herzen ein Stein liegt. Ich hatte Angst, dass ich selbst versteinere, dass ich hart und gefühllos werde.« Viele Gedanken gingen ihr im Kopf herum. Sie dachte an all die Verletzungen und Enttäuschungen, die sie erfahren hat. Sie dachte darüber nach, warum ihre Mutter so wurde, wie sie war. Irgendwann schrieb sie ihrer toten Mutter einen Brief, in dem sie all das auflistete, was sich in ihr aufgestaut hatte. Es war ein befreiendes Gefühl – fast wie ein klärendes Gespräch, das sie entlastete.

Seit jenem Tag, an dem Barbaras Mutter ihrem Leben ein Ende setzte, sind nun eineinhalb Jahre vergangen. Die Zeit der extremen psychischen Belastung, in der sie sich von ihrer toten Mutter verfolgt fühlte wie von einem Spuk, ist vorbei. Die Panik und die Angst, die sie lange gefangen hielten, sind verschwunden. Der Tod der Mutter liegt nicht mehr wie ein Schatten über allem. Barbara hat sich von diesem Schatten befreit. Ihr Mann, ihre Familie und ihre Freunde haben ihr durch viele Gespräche dabei geholfen. Auch die Wut, die ihre Trauer lange überdeckt hatte, ist verflogen. Schuldgefühle hat Barbara keine. Doch das Bild, das sich ihr bot, als sie ihre Mutter tot auffand, verfolgt sie noch immer. Sie wird es wohl nie ganz aus ihrem Gedächtnis löschen können. Einen persönlichen Abschiedsbrief hat ihre Mutter nicht hinterlassen. Ein solcher Brief, vielleicht mit der Bitte um Verzeihung, hätte ihr wohl viele quälende Gedanken erspart, meint Barbara.

»Manchmal habe ich andere Menschen beneidet, die in Liebe um Angehörige trauern können«, sagt Barbara. »Die haben wenigstens positive Erinnerungen an das gemeinsame Leben.« Barbara hat solche Erinnerungen nicht. Erinnerungen, die den Schmerz zu tragen helfen und irgendwann vielleicht mit dem Leben als Ganzem versöhnen. Sie hat nur diese Bruchstücke eines Lebens, das ganz anders verlaufen ist, als sie es sich gewünscht hätte. Aber es war eben so und nicht anders. Barbara hat mit dem Leben ihrer Mutter nun Frieden geschlossen und kann sich wieder auf ihr eigenes Leben konzentrieren, das weitergeht.

Die Antwort ist Liebe

Warum gibt es das Leid? Ich weiß keine Antwort. Ich glaube auch
nicht, dass es eine Antwort darauf gibt. Die Frage lässt uns dennoch nicht los. Gerade Trauernde stellen sie immer wieder. Sie
suchen Antworten bei sich selbst, bei anderen Menschen, in Büchern oder in der Religion. So erging es auch dem amerikanischen
Rabbiner Harold Kushner, dessen Sohn nach langer Krankheit im
Alter von nur 14 Jahren starb. Als gläubiger Mensch fragte er sich:
Wenn es Gott gibt, wie kann er mir das antun?

Zu Beginn seines Buches »Wenn guten Menschen Böses wi-
derfährt« schreibt Kushner: »Dies ist ein sehr persönliches Buch,
geschrieben von einem, der an Gott glaubt und an das Gute dieser
Welt – von einem, der die meiste Zeit seines Lebens mit dem Versuch zugebracht hat, anderen im Glauben zu helfen, und der durch
eine ganz persönliche Tragödie gezwungen wurde, alles neu zu
überdenken, was ihn je über Gott und sein Wirken gelehrt worden
war.« Kushner zitiert den Bibelspruch: »Es wird dem Gerechten
kein Leid geschehen; aber die Gottlosen werden voll Unglück
sein«, und beschreibt, dass er immer wieder Zeuge wurde, »wie die
falschen Leute erkrankten, den falschen Leuten Schmerzen zugefügt wurden und die falschen Leute jung starben.«

Kushner bezweifelt die These, der Sinn des Leids liege darin, die
Menschen demütiger und besser zu machen. Eine so alltägliche
Lektion sei mit dem Tod eines Kindes zu teuer erkauft, schreibt er:
»Ich bin außer mir über die, die meinen, Gott schaffe behinderte
Kinder, damit die Menschen Mitleid und Dankbarkeit lernen.« Auch

allzu schnellen Trost weist Kushner zurück. Zur Rede eines Geistlichen, der nach dem Unfalltod eines Fünfjährigen zu dessen Eltern sagte, sie sollten dankbar sein, dass ihr Sohn nun im Himmel ist, bemerkt er:»Als ich es hörte, fühlte ich nur Zorn.«

Warum gibt es das Leid? Kushner kommt zu dem Schluss, dass Leid keinen Sinn habe und auch nicht von Gott geschickt werde. Statt zu fragen:»Gott, warum tust du mir das an?«, sollten Menschen Gott lieber bitten:»Sieh, was mir widerfahren ist. Kannst du mir nicht helfen?« Gott wolle nicht, dass jemand leidet, schreibt Kushner, aber er gebe uns»die Gewissheit, dass wir mit unseren Ängsten und Schmerzen nicht alleingelassen werden.«

Manche glauben fest daran. Andere nicht. Es ist eine Betrachtungsweise, die Gläubigen hilft, an ihrem Schicksal nicht zu verzweifeln und weiter auf Gott zu vertrauen. Andere erreicht diese Botschaft nicht, weil sie ihnen weder helfen noch irgendetwas erklären kann.

Warum gibt es das Leid? Es gibt wohl keine Antwort auf die Frage nach seiner Ursache. Aber auf das Leid selbst kann es eine Antwort geben, die allen Menschen, unabhängig von ihrem Glauben, einen Weg aufzeigt:»Du wolltest Gerechtigkeit?«, zitiert Kushner aus einer modernen Bearbeitung des Buches Hiob,»die gibt es nicht. Es gibt nur Liebe.«

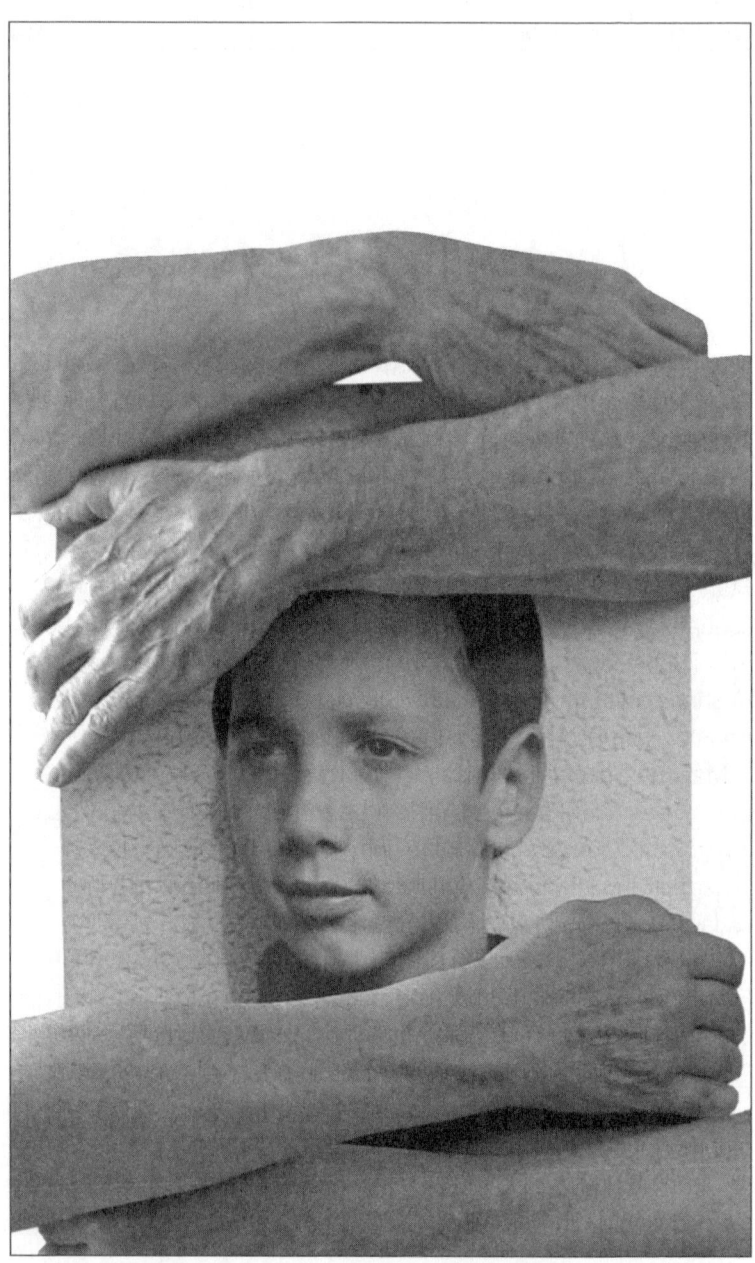

Stephan ist tot, aber seinen Eltern wird er immer nah sein.

Trotz des Verlusts bleibt ein großes Plus

Stephan wurde nur zwölf Jahre alt. Wenn Norbert F. heute auf das kurze Leben seines Sohnes zurückblickt, spürt er nicht den Schmerz des Verlusts, sondern eine große Dankbarkeit für die gemeinsame Zeit.

Wie lange dauert die Trauer? Ein Jahr – solange, bis das oft zitierte »Trauerjahr« vorüber ist? Mehrere Jahre? Oder ein ganzes Leben lang? Es gibt keine Zeit-Tabelle, die das erfasst. Es gibt kein einheitliches Maß. Jeder Mensch trauert anders. Manchmal dauert es sehr lange, bis ein Verlust verarbeitet ist. In anderen Fällen haben Hinterbliebene schon nach kurzer Zeit das Schlimmste überstanden. Die folgende Geschichte beginnt am 8. Februar 1975. Es war der Tag, an dem der Sohn von Norbert F. bei einem Sportunfall ums Leben kam. Stephan wurde nur zwölf Jahre alt. Er wäre heute 44. Norbert F. ist 66 Jahre alt, seine Frau ebenfalls. Sie haben den Tod ihres Sohnes um mehr als drei Jahrzehnte überlebt. Was ist geblieben nach all dieser Zeit an Erinnerungen und an Trauer?

Am Morgen jenes Tages im Februar vor mehr als 30 Jahren brachten Norbert und seine Frau ihren Sohn zum Bus. Er freute sich auf die Skiferien mit seiner Schulklasse. Gegen Mittag kamen die Kinder in dem Wintersportort an. Am Nachmittag gingen sie nach dem Essen gleich zum Skifahren. Am Abend waren sie immer noch voller Tatendrang. Nach dem Essen zog es sie zum Schwimmen ins Hallenbad des Ortes. Stephan war ein sehr guter Schwimmer und hatte bereits mehrere Wettkämpfe gewonnen. Er konnte auch gut tauchen, besser als jeder andere aus seiner Klasse. Am Abend jenes Tages, der so fröhlich begonnen hatte, war Stephan tot. Er ertrank nach einem längeren Tauchgang im Hallenbad. »Es war unbegreiflich, absolut unbegreiflich«, sagt Norbert.

Am Abend jenes Tages saßen Norbert und seine Frau zu Hause vor dem Fernsehgerät. Sie schauten gerade das »Aktuelle Sportstudio«, als es an der Haustür klingelte. Es war der Direktor von Stephans Schule. Norbert fragte noch im Treppenhaus, ob seinem Sohn etwas passiert sei. Dem Schuldirektor fiel die Antwort sichtlich schwer. Aber er sagte gleich: »Der Bub ist tot.« Norbert bat ihn ins Wohnzimmer und setzte sich. »Plötzlich zitterte ich am ganzen Leib, es schüttelte mich richtig«, erinnert er sich. Der Schuldirektor berichtete, was passiert war. Norbert und seine Frau hörten zu. Verstehen konnten sie nicht, was sie hörten.

Gleich am nächsten Morgen fuhren sie zum Unglücks-
ort, um sich selbst ein Bild davon zu machen, warum und
wie Stephan ums Leben gekommen war. Es war, wie intensive Nachforschungen ergaben, eine unglaubliche Verket-
tung unglücklicher Umstände gewesen. Sie alle hier auf-
zuzählen, würde den Rahmen dieses Berichts sprengen.
Jedenfalls hatte Stephan das 25 Meter lange Becken, ohne
Luft zu holen, zweimal durchtaucht und so seine Schul-
kameraden zum Staunen gebracht. Später unternahm er
noch einen zweiten Versuch, aber seine Mitschüler schauten wohl nicht mehr richtig hin, berichtet Norbert. Das
Hallenbad war an diesem Abend sehr voll. Stephan erlitt
beim Tauchen offenbar
plötzlich einen Blackout   »Wir sind froh, dass er
und ertrank, ohne wieder   Teil unseres Lebens war«
aufgetaucht zu sein. Als   Norbert F.
                                   über seinen Sohn Stephan
er schließlich am Boden
des Beckens entdeckt wurde, war es schon zu spät. Versuche, ihn wiederzubeleben, schlugen fehl.

Beim Trauergottesdienst in der Kirche wurden Spiri-
tuals gesungen. Norbert hatte es so gewünscht, weil sein
Sohn diese Art von Musik geliebt hatte. Der Musiklehrer
des Gymnasiums studierte mit Schülern einige Lieder ein
und verteilte Blätter zum Mitsingen. »Ich habe am lau-
testen gesungen von allen«, sagt Norbert. »Es war wie ein
Selbstschutz, damit ich nicht die Fassung verliere.«

Das Zimmer ihres Sohnes ließen sie anfangs so, wie es war. Nicht, weil sie es genau so bewahren wollten. Es bestand einfach keine Notwendigkeit, es anders zu nutzen. Zur Erinnerung an Stephan brauchten sie das Zimmer nicht. Was er war und wie er war, das haben sie auch heute, 32 Jahre später, noch nicht vergessen. »Stephan war ehrgeizig, höflich, blitzgescheit und er hatte trotz seines jugendlichen Alters viel Sinn für Ironie«, erzählt sein Vater. Er erinnert sich, wie er zwei Wochen nach dem Tod des Zwölfjährigen in dessen Zimmer eine Notiz von ihm fand. Der Zettel war unterzeichnet mit: »Hochachtungsfoll, Stephan«. Darunter stand als korrigierende Fußnote: »Hochachtungsfoll natürlich mit fau«. »Es war das erste Mal seit Stephans Tod, dass wir wieder so richtig herzhaft gelacht haben«, sagt Norbert.

Einige Zeit nach dem Tod seines Sohnes war Norbert noch einmal in dem Gymnasium, das Stephan besucht hatte. Er hatte dort einiges zu erledigen und traf Stephans früheren Religionslehrer, der ihn fragte: »Wie wird man mit so einem Ereignis fertig?« Norbert antwortete ihm damals: »Überhaupt nicht.«

Der tägliche Gang zum Friedhof wurde in den ersten Monaten für ihn und seine Frau zu einem festen Ritual. Es war wie ein Spaziergang, während dem sie sich ihrem Sohn besonders verbunden fühlten. Zu den Menschen, die für sie in ihrer Trauer sehr wichtig wurden, zählte die

Kinderärztin ihres Sohnes. Norbert erinnert sich noch genau daran, dass sie eine halbe Stunde, nachdem er sie über Stephans Tod informiert hatte, bei ihnen vor der Tür stand. »Sie hatte einen großen Blumenstrauß dabei, den sie meiner Frau stumm in die Hand drückte.« Dann musste sie selbst weinen, ließ ihren Tränen freien Lauf. Es war eine unmittelbare, menschliche Reaktion. »Wir wurden damals gute Freunde, waren später oft bei ihr zu Gast«, berichtet Norbert. »Sie brachte die unterschiedlichsten Leute zusammen – zur Hausmusik, zum Gespräch oder einfach nur zum Beisammensein. Wir wurden Teil dieses Kreises, fühlten uns dort gut aufgehoben und erfuhren viel Unterstützung.«

Norbert selbst bemühte sich damals, seine Gefühle so weit wie möglich unter Verschluss zu halten. »Ich ging weiter meiner Arbeit nach, versuchte einfach, zu funktionieren«, sagt er. Auch an Stephans Grab weinte er nie. »Ich stand meist mit unbewegtem Gesicht da. Als Mann hatte man nicht zu heulen, das war damals so. Vielleicht hätte ich mich besser gefühlt, wenn ich es mir erlaubt hätte.« Norbert versuchte, sich äußerlich nicht anmerken zu lassen, was in ihm vorging. Aber den Verlust selbst verdrängte er nicht. Sein Sohn blieb in ihm lebendig, und er sprach auch oft mit anderen über Stephan und die gemeinsame Zeit und das, was wohl aus ihm hätte werden können.

»Die Zeit allein heilt keine Wunden«, sagt Norbert. »Aber man muss sich die Zeit geben, die nötig ist, mit einem Verlust innerlich klarzukommen. Wichtig ist, dass man nichts verdrängt und Hilfe erfährt – dann wird es besser.« Als Stephan gestorben war, konnte sich Norbert nicht vorstellen, jemals wieder seines Lebens froh zu werden. »Am Anfang war es eine erdrückend schwere Last. Ich glaubte, ich muss sie tragen, bis ich selbst sterbe. Ich war überzeugt davon, das steckt man nie weg. Aber etwa zwei Jahre nach Stephans Tod hatte sich in uns vieles geklärt. Es war anders als vorher, ging uns wieder richtig gut. Ab diesem Zeitpunkt fühlten wir uns auch nicht mehr wie Trauernde im eigentlichen Sinn.«

Der Tod eines geliebten Menschen wird oft als ungerecht oder als zu früh empfunden. Stephan wurde nur zwölf Jahre alt. Sein Tod erscheint als viel zu früh. Eine Lebensbilanz, die alles im Blick zu haben versucht, kann dabei helfen, eine andere Sicht der Dinge zu gewinnen. Es war die Bemerkung einer Freundin, die Norbert zum Nachdenken brachte. Einige Zeit nach dem Tod ihres Mannes sagte sie, dass trotz des Verlusts und der Trauer am Ende ein dickes Plus übrig bleibe, wenn sie auf die gemeinsame Zeit mit ihrem Mann zurückblicke. Dieser Gedanke half Norbert und seiner Frau, sich mit dem frühen Tod ihres Sohnes zu versöhnen. Denn obwohl er ihnen genommen wurde, hatte er ihnen doch zwölf Jahre ihres Lebens Freude bereitet – einfach deshalb, weil es ihn gab. Er hatte ihr Leben bereichert, in einzigartiger Weise. »Wenn wir auf diese Zeit zurückblicken, dann bleibt auch für uns unter dem Strich ein großes Plus«, sagt Norbert heute.

Stephan ist nicht mehr da, schon lange nicht mehr. Aber er ist trotzdem irgendwie präsent. Norbert und seine Frau denken nicht ständig, aber immer wieder an ihren Sohn. »Und das Schöne ist: Wir haben nur positive Gedanken. An seinem Geburtstag und Namenstag machen wir immer eine besondere Flasche Wein auf zu seinen Ehren. Es ist keine wehmütige, sondern eine schöne Erinnerung. Wir sind froh, dass er Teil unseres Lebens war.«

Stephans Eltern wohnen in einem kleinen Ort am Main. Vor dem Haus, in dem sie leben, fließt der Fluss langsam vorbei. Auch das Leben fließt weiter. Beide empfinden es als lebenswert. Es bietet ihnen immer wieder neue Möglichkeiten. Auch 32 Jahre nach dem Tod ihres geliebten Sohnes, der heute 44 Jahre alt wäre.

Über die Sentimentalität

In kritischen Besprechungen von Büchern oder Filmen tauchen oft
die Begriffe »sentimental« und »Sentimentalität« auf. Was bedeutet
das? Meist nichts Gutes. Das Wort Sentiment stammt aus dem
Französischen und heißt zunächst einmal Gefühl, Empfindung. Im
Deutschen hat das Wort sentimental schon zwei Bedeutungen:
zum einen »gefühlvoll«, zum anderen »rührselig«. Meist ist heute
Letzteres gemeint. Natürlich gibt es Bücher oder Filme, die gezielt
auf die Tränendrüsen drücken. Aber Sentimentalität ist heute fast
schon ein Schimpfwort geworden, das meist sehr schnell und
immer dann auftaucht, wenn es um Gefühle geht. Oft mit dem
Ziel, Gefühle selbst verächtlich zu machen, denn was einmal als
sentimental abgestempelt ist, das kann ja wohl niemand mehr
ernst nehmen.

Wenn es dagegen heißt, ein Autor schreibe »ohne Sentimentalität«, ist das immer als Lob gemeint. Dieses Etikett bedeutet
aber meist gar nichts, denn die Bücher, um die es geht, sind oft
sehr sentimental. Drei Beispiele: Ruth Coughlins Buch »Zeit zu
trauern« ist laut Klappentext »ein Buch der tiefen Gefühle«, aber
»ohne jeden Anflug von Sentimentalität«. P. F. Thomése beschreibt
in seinem Buch »Schattenkind« seine Trauer über den Tod seiner
kleinen Tochter laut Verlagswerbung »ohne je ins Sentimentale
abzugleiten«. Und weil es so schön klingt und schon mal auf dem
Buchumschlag stand, plapperte es Elke Heidenreich in ihrer TV-
Sendung »Lesen!« fast wörtlich nach. Auch Eric-Emmanuel Schmitt
begegnet in seinem Buch »Oskar und die Dame in Rosa« laut

Verlagswerbung der »schlimmen Vorstellung – Krankheit und Tod eines Kindes – ohne Sentimentalität«. Dabei ist gerade dieses Buch sehr sentimental.

Das Etikett »ohne Sentimentalität« wird offenbar gebraucht als Schutzwall gegen Gefühle, die auf Distanz gehalten werden sollen. Trauernde können dies meist nicht, viele Schriftsteller und Filmemacher wollen es nicht. Das Leben besteht nun einmal aus großen Gefühlen. Nur Automaten haben keine Gefühle. Der TV-Entertainer Harald Schmidt sagte unlängst in einem Interview: »Gefühl ekelt mich.« Mich ekelt die Geisteshaltung, die hinter so einer Bemerkung steht.

Der Schriftsteller John Irving hat Kritikern einmal vorgehalten, sie seien oft einfach zu faul. Wenn ein Roman kompliziert sei, sei seine Handlung für sie »verworren«, wenn er bewegen möchte, sei er »sentimental«. So einfach ist das in einer Welt, in der große Gefühle, die Angst machen, als »uncool« gelten.

Vieles, was manche Meinungsmacher, die sich für besonders klug halten, schreiben, ist einfach nur dummes Zeug. Es ist nicht wichtig. Gefühle aber sind wichtig – und menschlich. Gefühle, wie sie gerade Trauernde nach dem Tod eines geliebten Menschen haben. Die Serie »Mit der Trauer leben« berichtet weiter über dieses Thema – ob mit oder ohne Sentimentalität, spielt für mich dabei überhaupt keine Rolle.

Lange Spaziergänge halfen Doris M. dabei, mit ihrer Trauer zu leben.

Ich würde gerne mit ihm über alles reden

Zuletzt hatte es Doris M. (Name geändert) sehr schwer mit ihrem Mann. Nach seinem Tod verstanden nur wenige, dass er ihr fehlte. »Aber wir hatten auch eine schöne Zeit«, sagt sie. »Und daran soll man sich erinnern.«

Eigentlich war bei uns alles in Ordnung«, sagt Doris M. »Ich hatte immer das Gefühl, wir seien wie füreinander geschaffen.« Als sie 16 Jahre alt war, lernte sie ihren späteren Mann kennen. Er war damals 22. Als sie 17 war, heirateten sie, als sie 18 war, kam ihr erstes Kind zur Welt. »Er verwöhnte mich. Ich fühlte mich geborgen, auf Händen getragen.« Manche sagten ihr: »Ihr Mann ist so charmant«, oder, im Rückblick auf die Zeit, in der alles noch gut war: »Wir hatten euch immer um eure Ehe beneidet.« Doris und ihr Mann hatten ein schönes Haus mit großem Garten, zwei Kinder, auch Enkelkinder waren schon da, und sie führten ein glückliches Leben. Eigentlich war alles in Ordnung – bis der Alkohol ins Spiel kam und alles zerstörte.

»38 Jahre waren wir verheiratet, aber die letzten sieben Jahre waren total hart«, sagt Doris. Dass ihr Mann alkoholabhängig war, wurde ihr erst relativ spät klar. Er konnte sich gut verstellen. Er verschwand oft und trank heimlich – an der Tankstelle, im Auto oder im Keller. »Es ist unglaublich, wo Alkoholiker überall ihre Verstecke haben«, sagt sie. Der Alkohol veränderte ihn schließlich so, dass sie ihn oft kaum wiedererkannte. »Er rastete ohne Grund aus, fing plötzlich an zu toben. Ich saß wie auf einem Pulverfass.« Manche rieten ihr damals, sie solle ihren Mann verlassen. Aber sie wollte nicht. Sie liebte ihn trotz allem und verzieh ihm immer wieder, auch wenn das Zusammenleben mit ihm sehr schwer war.

Wenn er unter Alkoholeinfluss plötzlich ausfällig wurde, schien es Doris fast so, als ob zwei Menschen in ihm wohnten. Sie legt zwei Fotos ihres Mannes auf den Tisch. Das eine zeigt einen gut aussehenden, gepflegten Mann mit wachen, freundlichen Augen. Das andere zeigt einen Menschen, der offenbar körperlich und seelisch am Ende ist. Ein großer Kontrast. Ein trauriger Anblick.

Doris versuchte, ihren Mann vom Trinken abzuhalten. Sie ging mit ihm zur Suchtberatung. Irgendwann stellte sie ihn vor die Alternative, eine Entzugsbehandlung zu machen oder zu gehen. Einige Zeit darauf brachte sie ihn in eine Spezialklinik. Sie sagte den Ärzten: »Ich möchte ihn wieder so zurückhaben, wie er einmal war.« Der

Alkoholismus ihres Mannes war aber schon weit fortgeschritten. In der Klinik machte man ihr wenig Hoffnung und sagte ihr schließlich, er wäre besser aufgehoben in einem betreuten Wohnheim für Alkoholiker. Nach acht Wochen brach ihr Mann die Therapie ab und kam wieder nach Hause.

Doris' Mann starb ein Jahr später. Er war zu Hause zusammengebrochen, nachdem er getrunken hatte. Sanitäter brachten ihn ins Krankenhaus. Doris verließ am Abend die Klinik. Bevor sie ihren Mann am nächsten Morgen wieder besuchen konnte, wurde sie telefonisch benachrichtigt, dass er gestorben sei. Nach dem Anruf fuhr sie nicht sofort in die Klinik. Sie unternahm einen langen Spaziergang mit ihrem Hund durch die Natur. Erst als sie spürte,

»Ich hatte ein Jahr lang nur zu kämpfen«

Doris M.
nach dem Tod ihres Mannes

dass sie innerlich dazu bereit war, machte sie sich auf den Weg in die Klinik. Dort saß sie noch stundenlang am Bett ihres toten Mannes, blickte ihn an und dachte über all das nach, was passiert war. »Ich hatte das Gefühl, jetzt geht es ihm gut«, sagt sie.

Der Tod ist unwiderruflich und endgültig. Wie endgültig, wurde Doris erst am Tag vor der Beerdigung klar. »Als ich vor dem offenen Grab stand, traf es mich wie ein Schlag.« Den Gedanken, dass ihr Mann unter die Erde

kommen sollte, konnte sie nicht ertragen. Doris stand unter Schock, die Trauer hatte noch gar nicht von ihr Besitz
ergriffen. Sie kam erst später und lässt sie auch heute, fast
zwei Jahre nach dem Tod ihres Mannes, noch nicht los.

»Ich hatte ein Jahr lang nur zu kämpfen«, berichtet
Doris. Ihr Mann hatte durch sein Trinken, sein ganzes
aus den Fugen geratenes Leben viel Geld ausgegeben und
hohe Schulden gemacht – Schulden, von denen Doris
nichts wusste. Die erste Zeit nach dem Tod ihres Mannes
verbrachte die damals 54-Jährige damit, das Chaos zu
beseitigen, das der 60-Jährige hinterlassen hatte. Sie
ordnete Papiere, kümmerte sich um Mahnungen und offene Rechnungen. »Ich bin von Bank zu Bank gelaufen,
habe gefragt, ob noch Außenstände da sind, habe nach
und nach alles in Ordnung gebracht. Wenn mein Mann
heute wieder zur Tür hereinkäme, könnte ich ihm sagen:
Alle Steine sind aus dem Weg geräumt, wir können neu
anfangen.«

Die Schulden waren aber nicht das einzige Chaos, das
ihr Mann angerichtet hatte. Kurz nach seinem Tod rief
eine Frau an und fragte nach ihm. Doris entdeckte dann
auch Kerzen auf seinem Grab, die nicht von ihr waren.
Ein halbes Jahr später fand sie an versteckten Orten im
Haus Liebesbriefe und Notizbücher mit Adressen und
Telefonnummern. Ihr wurde klar, dass ihr Mann mehrere Verhältnisse gehabt hatte. »Ich dachte, ich kenne

meinen Mann. Aber ich habe vieles über ihn erst nach und nach in Erfahrung gebracht. Ich würde gern mit ihm über alles reden. Aber jetzt kann ich ihn nichts mehr fragen«, sagt Doris.

Vor ihr steht eine Kiste mit Fotos, Briefen, Krankenakten und anderen Dokumenten aus dem Leben ihres Mannes, die sie während des Gesprächs aus einem anderen Zimmer geholt hat – als ob sie sich selbst noch einmal darüber klarwerden müsste, was gewesen war. »Ich habe all die Puzzle-Teile seines Lebens vor mir, aber kein Gesamtbild«, sagt sie. Zwei der Frauen, die ein Verhältnis mit ihrem Mann hatten, rief Doris einige Zeit später an. Sie wollte keiner etwas vorwerfen, nur mit ihnen über ihren Mann sprechen, um sein Leben besser nachvollziehen zu können. Einer dieser Frauen sagte sie: »Sie waren nur eine von vielen. Sprechen Sie sich mit Ihrem Mann aus. Das Leben kann kurz sein, und wenn es zu spät ist, bereut man manches.«

Nach dem Tod ihres Mannes musste sich Doris einmal anhören, sie solle doch froh sein, dass er tot ist. Das war sie aber nicht. Sie wurde auch gefragt, warum er ihr denn überhaupt fehle und warum sie um ihn trauere. Es war eben so. Und es ist noch heute so, trotz allem. Viele verstanden die Gefühle nicht, die sie noch immer für ihren Mann hatte und hat. Andere trauten sich gar nicht mit ihr zu sprechen.

Verlassen konnte sich Doris in ihrer Trauer auf ihre Kinder, ihre Arbeitskolleginnen und Nachbarn. »Ich war nie allein«, sagt sie. Gut taten ihr die täglichen, kilometerlangen Spaziergänge mit ihrem Hund. Auch die Arbeit war wichtig in ihrem Leben, das weiterging. »Ich liebe meine Arbeit, ich brauche sie.« Doris arbeitet in einem Ladengeschäft. Sie konnte es sich nicht leisten, vor Kunden zu weinen und versuchte daher, sich nichts anmerken zu lassen, »normal« zu sein. Zuhause weinte sie oft. Manchmal kommt es ganz plötzlich über sie, auch heute noch. Dennoch hat sich ihre Trauer verändert. Nach Hause zu kommen und allein zu sein, sei nun nicht mehr so schlimm, sagt sie. »Mein Kopf war immer so voller Ideen. Das war lange Zeit blockiert. Aber jetzt geht es langsam wieder aufwärts.«

Wenn Doris heute auf das Leben ihres Mannes zurückblickt und auf all das Schwere, das er ihr aufgeladen hat, spürt sie keinen Groll – eher Mitleid. »Ich sage ihm oft in Gedanken: Mein Gott, hast du dein Leben verpfuscht. Du könntest heute noch hier sein!« Als sie von seinem Doppelleben erfahren hatte, war sie zuerst sehr wütend – aber nicht lange. Sie sagte sich: »Es war nicht nur unser Leben, es war auch sein Leben. Jeder Mensch hat seinen eigenen Geist, seine eigenen Veranlagungen. Ich war seine Wegbegleitung. Man kann immer nur eine Strecke zusammen gehen und versuchen, das Beste daraus zu machen. Ich war ein ganz wichtiger Teil seines Lebens. Das andere musste offenbar auch sein. Ich kann das inzwischen akzeptieren.« Doris erinnert sich, wie ihr Mann sie etwa drei Monate vor seinem Tod einmal anrief, am Telefon weinte und sagte, er habe nie jemanden anderen geliebt als sie. Damals wusste sie von den anderen Frauen noch nichts. »Aber vielleicht war es ja wahr, was er sagte«, meint sie.

»Ich habe das Bestmögliche für meinen Mann und unsere Ehe getan«, sagt Doris. »Viele andere hätten die Flucht ergriffen.« Doris ist geblieben, weil ihr ihre Ehe wichtig war, trotz allem. »Gute Zeiten sind leicht zu durchleben. Aber auch in schwierigen Zeiten standzuhalten, verlangt viel mehr.« Die 56-Jährige hätte viele Gründe, sich zu beklagen. Doch wenn sie heute auf die gemeinsame Zeit zurückblickt, überwiegen die Erinnerungen an all das Gute, an die Reisen mit den Kindern und vieles andere mehr. »Unser Leben war wie ein schönes Buch, das wir zusammen gelesen haben«, sagt Doris. »Zumindest am Anfang und in der Mitte war es schön. Der letzte Teil und der Schluss waren nicht so schön. Aber ich klappe dieses Buch jetzt zu und öffne ein neues.«

Wenn die Worte fehlen

Mit Trauernden zu sprechen, ihnen überhaupt gegenüberzutreten, fällt vielen schwer. Wer noch keine Erfahrungen mit Tod und Trauer gemacht hat, versucht meist, dem Thema aus dem Weg zu gehen. Wer Trauer selbst erlebt hat, weiß sehr gut, wie dankbar Betroffene bereits für kleine Zeichen der Nähe sind.

Viele fühlen sich unbehaglich, verunsichert, wissen nicht, wie sie sich Trauernden gegenüber verhalten sollen. Es gibt viele, die helfen möchten. Aber selbst die, die trauernden Verwandten, Freunden oder Kollegen beistehen möchten, wissen oft nicht, was sie tun, was sie ihnen sagen sollen. Aus Angst davor, etwas falsch zu machen, tun oder sagen sie oft gar nichts. Dabei braucht es gar keine großen Worte – weder bei der direkten Begegnung noch beim Schreiben eines Briefes oder einer Trauerkarte.

Eine Kollegin erzählte mir einmal, dass eine Frau aus ihrem Bekanntenkreis bei einem Verkehrsunfall ums Leben gekommen ist. Sie wollte dem Mann der tödlich verunglückten jungen Frau schreiben und fragte mich, ob ich nicht einen tröstlichen Spruch oder ein schönes Gedicht wüsste, das sie in diesem Brief zitieren könnte. Sie wollte wirklich irgendwie helfen, zeigen, dass sie Anteil nimmt.

Ich sagte ihr:»Dafür brauchst du keinen Spruch, kein Gedicht. Besser als jedes Gedicht, als jeder Gedanke eines fremden Menschen, sei er auch noch so schön formuliert, sind ein paar persönliche Worte von dir selbst. Schreib, was du fühlst, wenn du über diesen plötzlichen Tod nachdenkst. Schreib, was der Mensch, der nun tot ist, dir selbst bedeutet hat. Schreib meinetwegen, wie schwer es dir fällt, etwas Tröstliches zu sagen. Aber schreib etwas Persönliches! Damit erreichst du das Herz eines Trauernden eher, als wenn du irgendeinen Trostspruch zitierst, an den du vielleicht selbst nicht glaubst.« Denn Trauernde spüren meist sehr genau, ob sich jemand, der das Wort an sie richtet, wirklich mit ihrer Situation beschäftigt, oder ob er nur auf die Schnelle einer lästigen Pflicht Genüge tut.

Den meisten Menschen fällt es schwer, Trauernden ein Zeichen ihrer Anteilnahme zu geben. Kein Wunder, es ist ja auch schwer. Aber es ist auch leicht. Denn man muss dafür nicht schön oder fehlerfrei formulieren können. Man muss keinen schönen Spruch zitieren. Man muss keine Trauerkarte und auch kein Kuvert mit schwarzem Rand zur Hand haben. All dies ist gar nicht so wichtig. Es kommt vielmehr darauf an, dass das, was man schreibt, ehrlich ist und von Herzen kommt. Selbst wenn es nur auf einem kleinen Zettel steht, der in einen Briefumschlag gesteckt wurde. Es kommt, wie eigentlich immer im Leben, auf den Inhalt an, nicht auf die Verpackung.

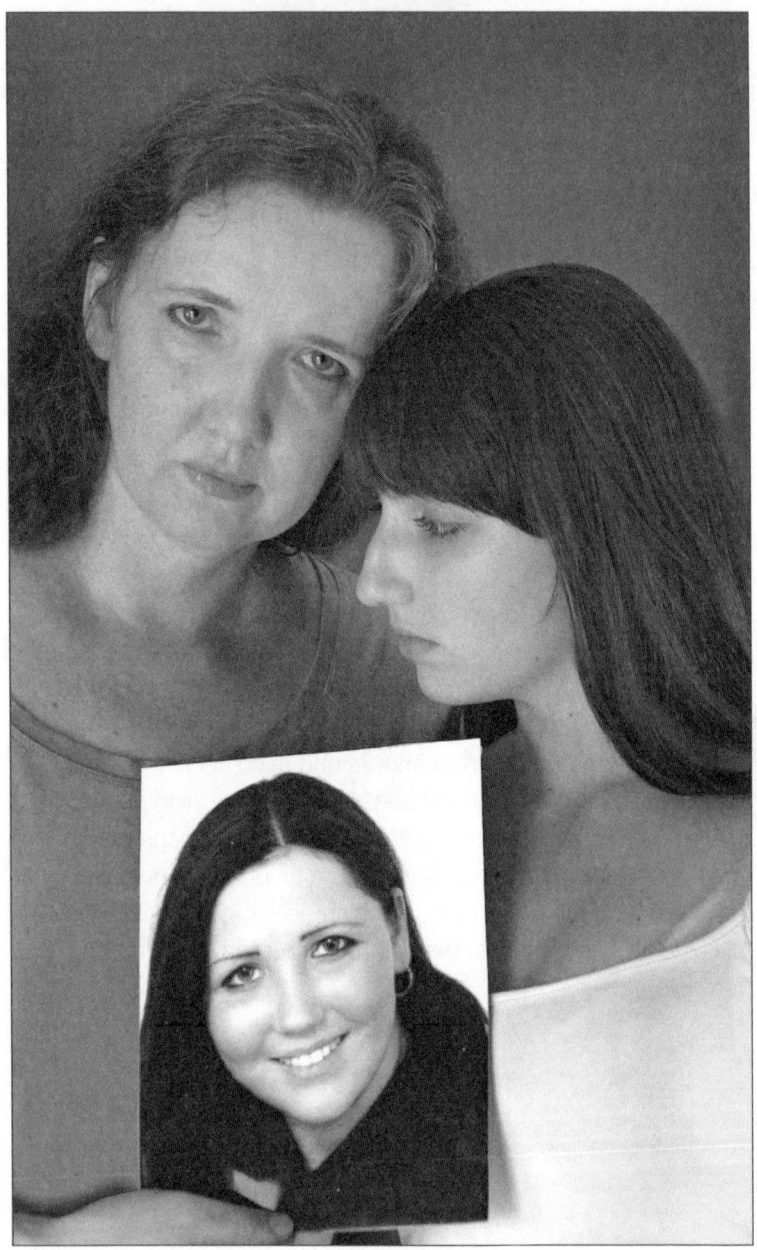

Erika K. mit ihrer Tochter Natalia und einem Foto von Katrin.

Meine Lebenskraft war plötzlich wie weggeblasen

Erika K. trauert um ihre Tochter. Katrin war erst 17 Jahre alt, als sie vor drei Jahren ums Leben kam. »Jeder Tag ist ein Kampf«, sagt die 43-Jährige. »Ich überlebe immer noch mehr, als dass ich lebe.«

E s war nach Mitternacht, als es an der Haustür klingelte. Erika K. hatte schon geschlafen. Als sie die Tür öffnete, standen zwei Polizeibeamte und ein Seelsorger vor ihr. Sie teilten ihr mit, dass ihre Tochter Katrin in ihrer Wohnung tot aufgefunden worden war. Sie hatte, wie die Obduktion später ergab, eine ganze Schachtel Antidepressiva mit Wein hinuntergespült.

In dem Augenblick, in dem Erika die Nachricht vom Tod ihrer Tochter erhielt, war ihr Leben, so wie sie es bis dahin gekannt hatte, vorbei. Zuerst war sie durch den Schock wie gelähmt. Die folgenden Tage versuchte sie, ihren Schmerz mit Beruhigungsmitteln in Schach zu halten, so gut es eben ging. Dann kam die Trauer und ging nicht mehr weg.

Seit dem Tod ihrer Tochter sind nun drei Jahre vergangen, und es tut immer noch weh. »Mein Leben hat sich auf den Kopf gestellt«, sagt die 43-Jährige. »Meine Lebenskraft, auf die ich mich immer verlassen konnte, war plötzlich wie weggeblasen.«

Katrin war erst 17 Jahre alt, als sie starb. Bald wäre sie 18 geworden. Sie war gut in der Schule gewesen, handwerklich geschickt, musikalisch, sie spielte Klavier, konnte gut zeichnen, erzählt ihre Mutter. Sie hätte genug Fähigkeiten gehabt, um im Leben zu bestehen. Aber es war zuletzt zu viel passiert, womit sie nicht fertig wurde. Was passiert war, stand damals zum Teil sogar auf der Titelseite der Zeitung. In einem Ort unweit von Würzburg erschoss ein 41-Jähriger nach einem Streit zuerst seine Freundin und dann sich selbst. Der Mann hatte in einer Dreierbeziehung gelebt. Erikas Tochter hatte schon seit einiger Zeit ein Verhältnis mit ihm. Er war ihre erste große Liebe. Ihre Tochter, berichtet Erika, habe sich so zu ihm hingezogen gefühlt, dass sie sogar die andere Frau in Kauf nahm.

Erika hätte ihre Tochter gerne aus dieser Beziehung herausgeholt, verbot ihr den Kontakt. Aber Katrin war so verliebt, dass sie sich nichts sagen ließ. Nach einiger Zeit trennte sie sich aus eigenem Entschluss von dem 41-Jährigen. Dann unternahm er einen Suizidversuch, und sie ging zu ihm zurück. Sie verbrachte viel Zeit bei ihm, wohnte aber noch zu Hause. Wenn sie in der Nacht der

Bluttat in seiner Wohnung gewesen wäre, wäre sie der Gewalt womöglich auch zum Opfer gefallen. Ein Opfer dieser Beziehung, meint Erika, ist Katrin so oder so geworden. Von den tödlichen Schüssen erfuhr Katrin am nächsten Morgen aus den Radionachrichten. »Der Schock für sie war fürchterlich«, berichtet Erika. »Sie sagte, am liebsten würde sie auch sterben.« Katrin zog es den Boden unter den Füßen weg. Sie konnte sich auf nichts mehr konzentrieren und verlor bald ihren Ausbildungsplatz. »Es war eine Zeit voller Ängste und Auseinandersetzungen«, erinnert sich Erika. »Katrin kleidete sich schwarz, ritzte sich ein Kreuz in den Arm.

Aber ich habe sie nie weinen sehen. Sie war verstört, in ihrer Trauer blockiert.« Erika ging

»Ich konnte das Leben nicht mehr ertragen«
Erika K.
nach dem Tod ihrer Tochter

mit ihr zu einer psychologischen Beratungsstelle, weil ihr Verhalten immer schwieriger wurde. Aber sie ließ niemanden an sich herankommen.

Einige Monate später fand Katrin wieder einen Freund. Er war Anfang 20. Sie zog mit ihm zusammen, ließ sich nicht überreden, zu Hause zu bleiben. »Ich ließ sie gehen, weil ich hoffte, es tut ihr gut, und um nicht alles noch komplizierter zu machen.« Trotz ihrer neuen Beziehung war Katrin oft sehr deprimiert. Sie hatte schlimme Albträume. Als ihr Freund einmal einige Tage weg war, nahm sie sich das Leben. »Es war einfach alles zu viel für sie«, sagt Erika.

Es war auch alles zu viel für sie selbst. Erika plagten Schuldgefühle. Sie machte sich Vorwürfe, im entscheidenden Moment nicht bei ihrer Tochter angerufen zu haben. »Als ich die Nachricht von Katrins Tod erhielt, sagte ich mir: Ich muss jetzt funktionieren. Aber ich ahnte auch schon: Ich werde nicht funktionieren.« Sie ließ sich Beruhigungsmittel verschreiben, um alles erledigen zu können, was zu tun war, und um für ihre zweite, 14 Jahre alte Tochter da zu sein. Fünf Tage lang gelang es ihr, »zu funktionieren«. Dann hatte sie einen Nervenzusammenbruch.

»Ich war seelisch am Ende, hatte Angstzustände, konnte das Leben nicht mehr ertragen«, berichtet Erika. Sie spürte, dass sie dringend und möglichst schnell Hilfe brauchte, um sich selbst davor zu schützen, ihrem Leben ein Ende zu setzen. Sie wollte sich um ihre jüngere Tochter kümmern, aber ihr war klar, dass sie in ihrem Zustand gar nicht dazu in der Lage war. Erika ließ sich in eine Nervenklinik einweisen. Ihre Tochter wohnte in dieser Zeit bei ihrem Mann, von dem Erika seit langem getrennt lebt. »Es war eine harte Zeit für das Mädchen«, sagt sie. Die 14-Jährige musste mit dem Tod ihrer Schwester, der Krankheit ihrer Mutter und dem Verlust ihrer vertrauten Umgebung fertig werden.

Wie es mit ihr selbst weitergehen sollte, wusste Erika nicht. Wegen akuter Suizidgefahr war sie vier Wochen in der geschlossenen Abteilung der Klinik. Aber das war erst der Anfang. Mit Unterbrechungen verbrachte sie insgesamt fast ein Jahr in der Klinik. »Ich fand dort viel Hilfe«, sagt sie, »aber ich wusste: Auch die beste Therapie kann mir meine Tochter nicht zurückbringen.«

Als sie wieder zu Hause war, war es ein anderes Zuhause als zuvor. Alles war anders. Erika konnte ihren Beruf nicht mehr ausüben. Sie und ihre Tochter mussten neu lernen, miteinander zu leben – nach allem, was passiert war. »Meine Tochter war eine große Stütze für mich. Ich war und bin sehr froh, dass es sie gibt«, sagt die 43-Jährige heute. »Aber ich erhole mich nur langsam. Es ist alles noch nicht so, wie es sein soll.«

So, wie es sein soll, wird es auch nie mehr werden. Erika weiß das. Sie versucht trotzdem, Anschluss an ihr früheres Leben zu finden. Aber es ist schwer. Alles ist anders. »Vieles ist mir nicht mehr wichtig, auf Feste zu gehen zum Beispiel. Das normale soziale Leben leidet darunter, existiert fast nicht mehr.« Manche Freunde und Bekannte waren mit der Situation überfordert. Einige erwähnten den Tod ihrer Tochter überhaupt nicht, andere verlangten zu viel von ihr. Sie habe Freunde verloren, sagt Erika – Freunde, die sie fragten: Warum reißt du dich nicht endlich zusammen?

Für viele ist es unverständlich, wenn die Trauer über den Tod eines Menschen länger als ein oder zwei Jahre dauert. »Die können das einfach nicht verstehen«, sagt Erika. »Ich habe mich auch selbst von Menschen zurückgezogen, weil ich das Gefühl hatte: Das ist zu viel für sie. Kaum jemand traut sich, über Katrin zu sprechen. Dieses Totschweigen ist furchtbar. Vielleicht ist es vielen unangenehm. Vielleicht haben sie auch Angst, dass ich wieder einen Nervenzusammenbruch bekomme. Keine Ahnung.«

Erika musste aber sprechen über das, was passiert war. Sie muss es immer noch. Deshalb geht sie oft zu den Treffen der Selbsthilfegruppe AGUS (Angehörige um Suizid) und des Gesprächskreises »Verwaiste Eltern« des Hospizvereins Würzburg. »Ich habe dort viel Verständnis gefunden, kann immer wieder über meine Trauer sprechen. Das ist wichtig.« Auch das Schreiben hilft ihr – aufzuschreiben, was passiert ist und es gedanklich zu sortieren, um es so Stück für Stück loszuwerden.

Erikas Trauer hat sich heute, drei Jahre nach dem Tod ihrer Tochter, verändert. »Aber ich überlebe immer noch mehr, als dass ich lebe«, sagt sie. »Jeder Tag ist ein Kampf.« Der bohrende Schmerz der ersten Zeit ist verflogen. Es ist eine ruhigere Form der Trauer, die sie nun begleitet. »Manchmal kann ich die schönen Momente, die ich mit Katrin erlebt habe, wieder aus meinem Gedächtnis hervorkramen. Aber das Schlimme überwiegt immer noch.«

Wirklich in die Zukunft schauen kann Erika noch nicht. Sie ist noch viel zu sehr mit der Vergangenheit beschäftigt. Es gab eine Zeit nach dem Tod ihrer Tochter, da wollte sie selbst tot sein. »Ich hatte das Gefühl, zwischen mir und dem Tod ist keine Schranke mehr – so als ob ich nur einen Schritt zur Seite gehen müsste, und dann ist alles vorbei.« Erika war in dieser Zeit innerlich eigentlich nicht mehr in dieser Welt, sondern weit weg. Das zumindest hat sich geändert. Die Frage nach dem Sinn des Lebens stellte sie sich nicht. »Es war nicht so, dass ich den Sinn verloren hätte«, sagt sie. »Ich habe das Leben, so wie es plötzlich war, einfach als zu schwer empfunden. Als zu schwer und zu schmerzlich, um mich weiter damit herumzuplagen.«

Wenn Erika an Katrin und sich denkt, fallen ihr zwei Dinge ein. »Sie wird immer mein Kind bleiben und ihren Platz in meinem Leben haben. Ich sage auch immer: Ich habe zwei Kinder. Ich bin die Mutter von zwei Töchtern.« Das andere: »Ich kann nicht verstehen, wie jemand, der sich das Leben nimmt, den Mut hat, dies den Menschen zuzumuten, die ihn lieben.« Erika hat den Schmerz derer, die zurückbleiben, selbst erfahren und lebt noch immer mit ihm. Sie will ihn deshalb niemandem zumuten. »Meine jüngere Tochter Natalia war der Grund, weshalb ich weitergelebt habe«, sagt Erika. »Sie hält mich am Leben.«

Was Trauernde trösten kann

Es gibt kein Allheilmittel gegen die Trauer. Obwohl viele Menschen nach dem Tod einer geliebten Person ganz ähnliche Erfahrungen machen, ist doch kein Fall wirklich mit dem anderen vergleichbar. Jeder Mensch hat seine eigene Geschichte, seine eigene Persönlichkeit und reagiert auf seine eigene Art und Weise auf Probleme und Situationen, vor die ihn das Leben stellt. Die Menschen sind unterschiedlich, und jeder Mensch trauert anders. Manche finden schnell wieder in ihre Lebensspur zurück, andere werden aus ihrer Bahn geworfen. Manche ziehen sich zurück, andere suchen die Nähe der Gemeinschaft. Es gibt Menschen, die den Tod verdrängen, und solche, die zu verstehen versuchen, was er bedeutet. Und es gibt Menschen, die glauben, und solche, die nicht glauben.

In der Serie »Mit der Trauer leben« kommen unterschiedliche Betroffene zu Wort. Menschen, die Trost im Glauben suchen und finden, aber auch Personen, die ihre Trauer auf andere Weise zu bewältigen versuchen, weil ihnen der Glaube keinen Trost bietet. Beides sind Möglichkeiten, mit der Trauer zu leben, und niemand, der Trauernde wirklich ernst nimmt, kann sagen: So ist es richtig, und so ist es falsch. Das wäre anmaßend und überheblich. Dennoch gibt es solche Versuche immer wieder.

Vor einigen Jahren kamen bei einem schweren Unglück mehr als 150 Menschen ums Leben. Zahlreiche Angehörige blieben mit ihrer Trauer zurück. Ein hoher kirchlicher Würdenträger sagte damals, das Einzige, was in dieser Situation wirklich trösten könne, sei der christliche Glaube. Ich halte diese Bemerkung für wenig einfühlsam, denn die logische Fortsetzung dieses Gedankens wäre ja: Wenn Trauernde keinen Trost finden, sind sie selbst schuld – sie müssen ja nur glauben, dann wird alles gut. Die Bemerkung ist aber nicht nur wenig einfühlsam, sondern auch falsch. Denn der Glaube kann zwar vielen Menschen helfen. Er kann aber nicht allen helfen. Vor allem ist er nicht das Einzige, was helfen kann.

Trauernde finden Trost bei Menschen, die sie in ihrem Leid nicht allein lassen; die sich Zeit für sie nehmen, wenn sie sich verlassen fühlen und nicht mehr weiterwissen. Trauernde tröstet es, Menschen zu begegnen, die ihnen wieder neue Perspektiven aufzeigen. Es tröstet sie, wenn sie in ihrem Schmerz ernst genommen und nicht mit Floskeln abgespeist werden. Es tröstet, von den Mut machenden Erfahrungen anderer zu hören oder zu lesen, die bereits den Weg durch die Trauer gegangen sind. Trauernde tröstet die Erinnerung an die Liebe, die ihnen ein verstorbener Mensch hat zuteil werden lassen, die Erfahrung, dass sie diese Liebe immer begleiten wird, und vieles andere mehr.

Der Glaube ist nicht das Einzige, was trösten kann. Ich glaube vielmehr, dass das, was alle Trauernde trösten kann, unabhängig von ihrem Glauben, die Liebe ist. Schon in der Bibel heißt es:»Am Ende bleiben Glaube, Hoffnung, Liebe, diese drei. Aber die Liebe ist die größte unter ihnen.« Denn die Liebe vermag auch dann zu trösten, wenn Glaube und Hoffnung nicht mehr weiter tragen.

Nach einem Verlust wird die Wahrnehmung des Lebens oft intensiver.

Langsam fülle ich mich wieder mit Leben

Carins Mann starb an Krebs. Das Jahr der Krankheit wurde für beide zum gemeinsamen Abschieds- und Trauerweg. »Diese Zeit zeigte uns so klar wie nie zuvor, wie viel wir einander bedeuten«, sagt Carin.

Wann beginnt die Trauer? Bei Carin T. begann sie schon zehn Monate vor dem Tod ihres Mannes – an dem Tag, als sie erfuhr, dass er an Magenkrebs in fortgeschrittenem Stadium litt. Das war im Mai 2006. Schon drei Monate zuvor hatte er Beschwerden, »aber die Ärzte haben ewig nichts gefunden«, sagt die 33-Jährige. Nach der Diagnose hatten sie zwar noch Hoffnung, aber tief in sich auch das Wissen, dass es nicht mehr gut wird. Ihr Mann sei ein Kämpfer gewesen, berichtet Carin, »er wollte etwas tun gegen die Krankheit.« Aber trotz Operation und Chemotherapie verschlechterte sich sein Zustand.

Im Januar 2007 traten Metastasen an der Wirbelsäule auf. Der behandelnde Arzt sagte Carin, dass nichts mehr zu machen sei und fragte sie, ob man ihrem Mann eine weitere Therapie überhaupt noch zumuten solle. »Danach hatte ich einen Nervenzusammenbruch«, berichtet Carin. Schon in den Monaten zuvor war es für die 33-Jährige oft schwer, sich auf ihre Arbeit zu konzentrieren, ihren Beruf weiter auszuüben. »Es ging an die Substanz, nervlich und körperlich«, sagt sie. Das Angebot einer neuen beruflichen Herausforderung, das sie in dieser Zeit erhielt, schlug sie aus. »Ich habe mich in dieser Situation gegen die neue Stelle und für meinen Mann entschieden, und das war richtig.« In seinen letzten Lebensmonaten nahm sie oft freie Tage oder Urlaub. Sie verbrachte viel Zeit bei ihrem Mann im Krankenhaus. »Früher fragte ich mich manchmal: Was tut man, wenn man am Krankenbett sitzt? Als mein Mann so krank war, wusste ich es: Man muss einfach nur da sein.«

Es ist schwer, über den Tod zu sprechen. Carin und ihr Mann taten es trotzdem. »Wir sind schon immer ehrlich miteinander umgegangen, haben Dinge offen angesprochen«, sagt sie. Und doch wird die Kommunikation am Ende des Lebens anders. Körperliche und geistige Nähe werden wichtiger als Worte. Die Liebe kann man auch spüren, ohne große Worte zu machen. Vielleicht ist sie gerade dann am deutlichsten zu spüren. Wenn es schwer wird, füreinander da zu sein, zeigt sich, wie weit die Liebe trägt. Bei Carin T. und ihrem Mann war es sehr weit. »Die Leidenszeit meines Mannes war die schwerste Zeit in meinem Leben. Sie führte mich an meine Grenzen. Und doch war es die wertvollste Zeit unserer gemeinsamen Jahre. Denn sie zeigte uns so klar wie nie zuvor, wie viel wir einander bedeuten.«

Carins Mann hatte Angst davor, ganz zum Pflegefall zu werden. Die 33-Jährige sagte ihm, sie stehe zu ihm und werde für ihn da sein mit ihrer Liebe. »Ich bin dankbar dafür, dass ich ihm dies sagen und auch zeigen konnte.« Seit 17 Jahren kannten sie sich, zehn Jahre davon waren sie verheiratet. Als ihr Mann schon schwach und bettlägerig war, zeigte sie ihm Fotos aus ihrem gemeinsamen Leben. Zusammen ließen sie viele Ereignisse in der Erinnerung noch einmal Revue passieren.

»Wie hältst du es nur aus, bei mir zu sitzen?«, fragte er sie einmal. »Weil ich dich liebe«, antwortete sie ihm.

»Ich hatte das Gefühl, Stück für Stück zu zerbrechen«

Carin T.
über ihre Trauer

»Ich versuchte meinen Mann spüren zu lassen: Egal, wie schlecht es dir geht, egal, wie es weitergeht: Ich bin da, und ich bleibe bei dir«, sagt Carin.

In den letzten beiden Wochen fragte sie sich fast täglich, ob er die Nacht überleben werde. Oft saß sie einfach nur bei ihm und hielt seine Hand. Die Liebe war sehr groß. Die Trauer auch. »Ich hatte das Gefühl, dass unser Leben Stück für Stück zerbricht. Ich merkte: Ich selbst zerbreche Stück für Stück. Ich halte es nicht mehr aus.« Carins

Mann hatte mit seinem Leben bereits abgeschlossen. Einmal sagte er ihr:»Ich hatte ein glückliches, erfülltes Leben. Was bedeuten da noch Jahre oder Tage?« Als das Ende nahte, wollte er nur noch seine Ruhe, sagt Carin. Sie versuchte daher, alles Störende von ihm fernzuhalten. Kurz bevor er starb, sagte er:»Du kannst ja nicht mehr, du hast so viel für mich gegeben. Ich kann auch nicht mehr. Ich will nur noch meinen Frieden.«

Als ihr Mann gestorben war, spürte Carin, dass er nun Frieden hatte – seinen»Frieden in der Ewigkeit«, sagt sie, »denn ich glaube, dass es mehr gibt als dieses Leben. Ich glaube an ein Leben nach dem Tod.« Sie war erleichtert, dass er von seinen Qualen erlöst war. Und doch tat sich in diesem Moment der Endgültigkeit ein Abgrund in ihr auf. »Ich habe nur noch gezittert«, erinnert sie sich. Als sie zu Hause war, konnte sie kaum sprechen. Das Bestattungsinstitut rief sie erst am Tag darauf an. Sie war körperlich völlig erschöpft und drei Wochen krankgeschrieben.»In dieser Zeit habe ich zwölf Kilo abgenommen«, sagt Carin. »Nach dem Tod meines Mannes konnte ich kaum etwas essen. Ich dachte, ich würde nie mehr essen.«

Dann kehrte sie in ihren Beruf zurück. Carin T. arbeitet in der Sparkasse eines kleinen Ortes, hat dort täglich mit Kunden zu tun. Manche wunderten sich, dass ihr die Trauer kaum anzumerken war.»Ich kann in meinem Beruf meine innersten Gefühle nicht nach außen kehren«, sagt sie. »Meine Trauer ist privat. Ich kann das trennen.« Carin trug auch keine schwarze Trauerkleidung – was manchen seltsam erschien. Aber es passe nicht zu ihrem Beruf, sagt sie, und ihr Mann hätte es auch nicht gewollt. »Manche hielten mir ihre eigenen Vorstellungen wie eine Wand entgegen. Dabei hat, was ich anziehe, gar nichts damit zu tun, wie es in mir aussieht.«

In ihr sah es in Wahrheit oft sehr dunkel aus. »Schlimm waren die Nächte«, berichtet Carin. Ihr Mann habe ihr vor seinem Tod einmal gesagt: Die Nacht ist so schwarz, wann wird das Dunkel nur enden? »Ich musste oft zur Arbeit, als es noch dunkel war, und ihn alleine zurücklassen. Damals habe ich beim Abschied immer ein Windlicht für ihn angezündet. Das zünde ich jetzt oft für mich an, wenn die Nächte einsam, dunkel und endlos sind.«

Es gab viele Menschen, die Carin gut getan haben, als es ihr schlecht ging. »Ohne meine Eltern hätte ich die erste Zeit kaum durchgestanden«, sagt sie. »Wir haben oft telefoniert, und sie haben mich regelmäßig besucht.« Auch ihre Trauzeugin, eine gute Freundin, war eine wichtige Stütze: »Wir haben nächtelang telefoniert. Das half mir, auch wenn sie sich mal nur mein Weinen angehört und meine Verzweiflung stumm geteilt hat.« Viele Kunden, mit denen sie täglich an ihrem Arbeitsplatz zu tun hatte, sind ihr offen gegenübergetreten, erzählten von Trauerfällen in ihrer eigenen Familie. »Auch meine Kollegen halfen mir«, sagt sie. »Sie gingen mir nicht aus dem Weg, sondern suchten meine Nähe. Es war ihnen nicht unangenehm, mit mir in der Mittagspause zusammenzusitzen.«

Was Carin ärgerte, waren Leute, die sie fragten, wie es ihr gehe, die es aber gar nicht wissen wollten, wie sie vermutet: weil sie sich die Antwort darauf selbst gaben, kurz angebunden waren oder sie kaum zu Wort kommen ließen. »Ich fühle mich einfach nicht ernst genommen, wenn sich das Gegenüber gar keine Mühe macht, zu verstehen, wie es mir wirklich geht, und was es bedeutet, eine solche Leidenszeit mit seiner großen Liebe durchzustehen.«

Veranstaltungen oder Feste, bei denen viele Menschen anwesend waren, ertrug Carin nach dem Tod ihres Mannes nur schlecht. »Ich fühlte mich dort verlassen, spürte die Einsamkeit noch stärker als sonst. Ich konnte es aber niemandem zeigen, oder es interessierte niemanden«, sagt sie. Nach dem Tod ihres Mannes sah die 33-Jährige auch kaum noch fern. Was die Programme zu bieten hatten, interessierte sie nicht mehr. Es war weit weg von dem, was sie innerlich beschäftigte.

Bei allem Leid, berichtet Carin, habe ihr die Trauer aber auch Lebenserfahrungen und Einsichten geschenkt, die sie ohne so einen tiefen Einschnitt wohl nie gemacht hätte. »Ich bin dankbar, jeden Morgen meine Augen öffnen und selbst aus meinem Bett aufstehen zu können. Spüren zu können, dass ich einen gesunden Körper habe und am

Leben teilnehmen kann.« Der körperliche Verfall ihres Mannes machte ihr deutlich, dass Gesundheit nicht selbstverständlich ist, sondern ein großes Geschenk. Auch viele Gespräche, die sie heute führe, seien intensiver als zuvor. »Das ganze Leben ist intensiver geworden«, sagt Carin. Die Diagnose »unheilbar krank« ist wie ein Erdbeben, das das Fundament des gemeinsamen Lebens erschüttert. Aber sie ist auch eine Chance, die noch verbleibende gemeinsame Zeit zu nutzen. »Mein Mann und ich haben 17 gemeinsame Jahre zu einem guten Abschluss gebracht«, sagt Carin. »Wir haben das Jahr der Krankheit als gemeinsamen Abschieds- und Trauerweg gestaltet. So wurde es zum wertvollsten Jahr unserer Ehe. Und ich empfinde jetzt, da ich allein in mein neues Leben starten muss, Dankbarkeit für die Gnade, dass wir dieses Leid gemeinsam in Liebe tragen konnten.«

Carin T. wirkt positiv, fröhlich, mit sich selbst im Reinen. Man sieht ihr die Trauer nicht an, die in ihr steckt. »Nach dem Tod meines Mannes war ich so voll von Erlebnissen, dass ich erst einmal leer werden musste. Jetzt spüre ich, dass sich mein Inneres langsam wieder füllt mit dem Leben um mich herum.« Ihr Mann ist tot, aber was er für sie bedeutete, lebt weiter. »Ich habe die Vollendung einer gesegneten Liebe erlebt«, sagt Carin. »Das ist das neue Fundament meines Lebens – ein Fundament, das mich trägt und das mir niemand mehr wegnehmen kann.«

Über den Tod hinaus

Trauernde werden oft mit Ratschlägen konfrontiert. Viele von ihnen sind gut gemeint. Mit manchen dieser Ratschläge können sie mehr, mit anderen weniger anfangen. Ich selbst durfte mir vor Jahren einmal den zwar in einem freundlichen Tonfall vorgetragenen, aber dennoch belehrenden Satz anhören: »Die Lebenden gehören zu den Lebenden, und die Toten zu den Toten.« Es war ein dummer Satz, über den ich mich ärgerte. Denn die Toten sind zwar tot, und Trauernden ist auch durchaus klar, dass sie nie mehr zurückkommen werden. Aber geliebte Menschen, die gestorben sind, sind unserem Herzen weiter nah und dürfen es auch sein. Sie gehören weiter zu uns.

Eine Frage, die ich einmal in einem Buch gelesen habe, lautete ungefähr so: Wenn die Toten wirklich tot sind, warum laufen sie dann immer noch in meinem Herzen herum? Ganz einfach: weil sie in uns lebendig geblieben sind, weil wir ihre Nähe weiter spüren. Obwohl körperlich nicht mehr anwesend, sind Tote Trauernden oft näher als viele andere Menschen. Der Tod hat zwar ein sichtbares Band zerschnitten, ein unsichtbares Band aber verbindet Tote und Lebende weiter.

Die Toten leben weiter – auch für viele Menschen, die an ein Leben nach dem Tod nicht glauben. Sie leben weiter in unseren Herzen, in unseren Gedanken und durch sichtbare Zeugnisse ihres Lebens. Und sie wirken durch all das, was sie gewesen sind und was ihr Menschsein ausmachte, weiter auf das Leben derer ein, die sie zurücklassen.

Im Leben von Karin Endres, über deren Weg durch die Trauer der folgende Text berichtet, spielt ihre Tochter Anja immer noch eine wichtige Rolle. Anja war 18, als sie bei einem Verkehrsunfall ums Leben kam. 18 Jahre alt war auch Johnny, der Sohn des amerikanischen Schriftstellers John Gunther, als er starb. In seinem Buch »Death be not proud« (Tod, sei nicht stolz) schreibt Gunther: »Wir haben uns von Johnny verabschiedet. Aber für alle, die ihn jemals kennengelernt haben, lebt er noch immer. Ich meine nicht nur, dass er in uns weiterlebt, oder in allem, was er berührt hat, sondern dass der Einfluss, die Ausstrahlung einer besonderen Persönlichkeit weiterwirken – lange, nachdem die sterblichen Bande durchschnitten wurden. Johnny gibt ständig etwas von dem, was er war, weiter.«

So ist das, und so erleben es sehr viele Menschen nach dem Tod einer geliebten Person – ich auch. Lassen Sie sich daher von niemandem einreden, die Toten seien tot. Gemeinschaft und Nähe, die Menschen im Leben geschaffen haben, werden durch den Tod nicht aufgehoben. Die Toten sind tot, aber sie sind es auf andere Weise auch wieder nicht. Sie sind lebendiger als manche, die leben. Menschen, die wir lieben und die uns geliebt haben, die Teil unseres Lebens gewesen sind, sind dies auch dann noch, wenn sie tot sind. Sie bleiben ein Teil unseres Lebens, solange wir selbst hier sind.

Karin Endres hält die Erinnerung an ihre Tochter Anja lebendig.

Sie hatte immer ein so schönes Lächeln

Anja war 18 Jahre alt, als sie bei einem Verkehrsunfall ums Leben kam. Sieben Jahre nach dem Tod ihrer Tochter hat Karin Endres gelernt, mit der Trauer zu leben. »Aber ganz fertig werde ich damit wohl nie«, sagt sie.

In wenigen Sekunden kann sich alles verändern. Oft ist es nur ein Moment, und das Leben, so wie es war, ist zu Ende und ein neues, ganz anderes Leben, das man nicht haben will, beginnt. Für Karin Endres begann dieses neue Leben in den frühen Morgenstunden des 24. Oktober des Jahres 2000. Ihre Tochter Anja verließ kurz nach sechs Uhr die Wohnung, um ihren Freund, der bei ihr übernachtet hatte, nach Hause zu fahren. Normalerweise wäre sie nach einer Stunde wieder zurückgewesen, um mit ihrer Mutter zu frühstücken. Aber sie kam nicht. Nach einiger Zeit wurde Karin unruhig. Sie ging hin und her, schaute durchs Fenster auf den Parkplatz. Wartete darauf, dass Anjas Auto um die Ecke bog. Sie versuchte, Anja über das Handy zu erreichen, wählte ihre Nummer, immer wieder, mindestens zehnmal. Keine Antwort. Irgendwann meldete sich dann doch eine Stimme. Aber es war die Stimme eines Mannes, eines Polizisten. Er teilte Karin mit, es sei etwas passiert, er könne ihr jetzt nicht mehr sagen, und sie solle zur Polizeidienststelle kommen.

Als Karin dort ankam, wurde sie in einen kleinen Raum geführt. Sie erinnert sich noch, dass ein Mann sich neben sie auf den Boden kniete und sagte: »Die Anja hatte einen Unfall.« Karin fragte: »Wo ist sie denn?« Der Mann, ein Notfallseelsorger, antwortete leise: »Die Anja ist tot.« Was danach passierte, daran erinnert sich Karin nur noch bruchstückhaft. Sie weiß nicht mehr, wie sie nach Hause kam. Aber sie war dann dort, der Notfallseelsorger auch, ihr Mann, der von seiner Arbeitsstelle geholt worden war, ihre ältere Tochter, ihr Schwiegersohn und andere mehr. Drei Stunden später durfte Karin mit ihrer Familie zu Anja. In der Leichenhalle stand ein Behelfssarg, darin lag ein blauer Plastiksack. »Als sie den Reißverschluss öffneten, fingen wir an zu schreien«, erinnert sie sich.

Im Auto, mit dem Anja verunglückt war, lagen noch die Brötchen, die sie für das gemeinsame Frühstück mit ihrer Mutter besorgt hatte. Den ersten Tag überstand Karin nur mit Beruhigungsmitteln. Die nächsten Tage versuchte sie, zu verstehen, was passiert war. Aber sie verstand es nicht. Sie spürte nur, dass es in ihrem Leben dunkel und dunkler wurde. »Ich war müde, konnte aber nicht schlafen«, sagt sie. »Ich fühlte mich, als ob ich ein Geist wäre. Und es hat mich nichts mehr interessiert, gar nichts mehr. Ich konnte nur noch an Anja denken.«

Anja war gerade 18 Jahre alt, als sie starb. Sie hatte nach der Schule eine Ausbildung zur Bäckereifachverkäuferin begonnen. »Sie war hilfsbereit, verlässlich, hat uns nie Sorgen gemacht«, berichtet ihre Mutter. »Sie war für ihre Freunde da, wenn sie Probleme hatten. Einmal hat sie ein Kind im Schwimmbad vor dem Ertrinken gerettet. Aber ihr konnte niemand helfen.« Sie liebte Musik, Inline-Skating, ging gerne zum Tanzen. »Anja war lebensfroh, hat immer gelacht«. Sie lacht noch immer, auf zahlreichen Fotos, die überall in der Wohnung hängen. Anja war ein schönes Mädchen. Sie wollte sich bei einer Model-Agentur

»Ich konnte nur noch an Anja denken«

Karin Endres
nach dem Tod ihrer Tochter

bewerben. Sie tat es nicht – ihren Eltern zuliebe, die es nicht gerne gesehen hätten. Auf einem Notizzettel, den Anja geschrieben hat und der heute in der unteren Ecke eines Fotos steckt, steht: »Mama, ich hab dich lieb!«

Warum ihre Tochter verunglückt ist, weiß Karin heute noch nicht. Aus dem Unfallbericht geht hervor, dass sie mit ihrem Ford Fiesta aus ungeklärter Ursache von der Fahrbahn abkam, gegen einen Baum geschleudert wurde und noch an der Unfallstelle starb. Das Foto in der Zeitung, auf dem neben dem zerstörten Auto ein Teil des Plastiksacks zu sehen war, in dem Anjas toter Körper lag, hat Karin damals sehr aufgewühlt und verletzt. »Das Schlimmste aber waren die Gerüchte von Leuten, die glaubten, sie wüssten mehr als die Polizei«, sagt Karin. Es wurde erzählt, Anja hätte während des Fahrens wohl telefoniert, sie hätte Drogen genommen, oder sie sei vielleicht schwanger gewesen. »Nichts davon ist wahr«, ärgert sich die heute 50-Jährige. »Ich wollte damals überhaupt nicht mehr in die Stadt gehen. Entweder durchlöcherten mich die Leute mit ihren Blicken, oder sie gingen mir aus dem Weg.«

Von manchen Freunden und Verwandten fühlte sich Karin im Stich gelassen. »Wenn es einem schlecht geht und man wird gemieden – das ist schlimm. Trauernden aus dem Weg zu gehen, ist das Falscheste, was man machen kann«, sagt sie. »Früher wurden mein Mann und ich oft zu Geburtstagen eingeladen. Plötzlich kam nicht mal mehr ein Anruf. Einmal wurden wir eingeladen und saßen dann allein am Tisch. Wir kamen uns vor, als ob wir Lepra hätten.« Ein andermal sagte jemand zu Karin, sie hätte zu viele Fotos von Anja in der Wohnung hängen. Dabei sind ihr die Bilder ein großer Trost. Denn sie zeigen, dass Anja weiter ein Teil ihres Lebens ist.

In der ersten Zeit nach Anjas Tod war Karin fast nur mit sich selbst beschäftigt. Aber Menschen, mit denen sie über ihre Trauer sprechen konnte, taten ihr gut. »Meine ältere Tochter und ihr Mann gaben uns Halt, obwohl sie selbst schwer zu kämpfen hatten«, sagt Karin. Auch auf ihre Schwester konnte sie zählen oder ihre Schwägerin, die ihr Zeitungsausschnitte, Bücher oder Filme zum Thema Trauer brachte, Einladungen aussprach oder selbst zu Besuchen vorbeikam. Sechs Jahre lang ging Karin in eine Selbsthilfegruppe für trauernde Eltern. An den Satz einer Mutter, deren Tochter gestorben war, erinnert sie sich noch gut: »Du wirst sehen, es wird anders. Du wirst irgendwann wieder den Mut haben, zu leben.« So weit ist Karin zwar noch nicht. »Ich weiß nicht, ob mein Leben jemals wieder richtig lebenswert wird«, sagt sie. Aber der Satz machte ihr Hoffnung.

Fünf Jahre nach Anjas Tod wurde Karin von ihrer älteren Tochter auf Gedenkseiten im Internet aufmerksam gemacht, die Eltern für ihre toten Kinder eingerichtet hatten. »Als ich die Geschichten las und die Fotos sah, wusste ich gleich, so etwas möchte ich auch, um an Anja zu erinnern«, sagt Karin. Mit Hilfe ihrer Tochter und eines Computerexperten erstellte sie die Gedenkseite für Anja (www.anja-endres.com). Fotos aus Anjas Leben sind dort zu sehen, Briefe von Freunden, Gedichte und vieles andere mehr. »Es ist eine Möglichkeit, an Anja zu erinnern«, sagt Karin. »Seit wir diese Gedenkseite haben, geht es mir viel besser.« Das liegt auch daran, dass Karin durch die Website viele Kontakte zu anderen trauernden Eltern knüpfen konnte. »Es sind mindestens zehn Freundschaften entstanden mit Eltern, die ebenfalls ein Kind verloren haben«, sagt sie. Immer wieder melden sich Menschen bei ihr, aus ganz Deutschland. Bei vielen liegt der Tod ihres Kindes erst kurze Zeit zurück. »Ich bin froh, wenn ich durch Rat oder Zuhören helfen kann.« Die Unterstützung, die sie anderen Trauernden gibt, hilft ihr dabei, mit ihrer eigenen Trauer zu leben.

»Sie fehlt uns 2423 Tage« ist zum Zeitpunkt unseres Gesprächs auf der Gedenkseite für Anja zu lesen. Jeden Tag fehlt sie einen Tag mehr. Fast sieben Jahre sind seit Anjas Tod schon vergangen. Das Leben geht weiter. Aber wie? »Am Anfang glaubte ich nicht, dass ich mit meiner Trauer leben kann, dass sich überhaupt irgendetwas verändert«, sagt Karin. »Es tat so weh. Ich wollte auch sterben und dachte: Ich muss doch zu ihr!« Vieles, was früher »normal« gewesen war, störte sie nun, machte sie fast ärgerlich. Denn in ihrem Leben war nichts mehr normal. »Ich konnte lange nicht mehr fernsehen oder Radio hören. Ich hatte es lieber still«, sagt sie. Heute ist es anders. Während unseres Gesprächs läuft das Radio leise im Hintergrund. »Das war eines von Anjas Lieblingsliedern«, sagt Karin plötzlich, als »Shine« von Vanessa Amorosi gesendet wird. Die Erinnerung besteht aus unzähligen Details. Einzelheiten, die immer präsent sind und nur darauf warten, abgerufen zu werden.

Es dauerte gut drei Jahre, bis sich Karin wieder für die Welt um sich herum zu interessieren begann. Vergangenes Jahr ist sie nach über sechs Jahren zum ersten Mal wieder mit ihrem Mann in Urlaub gefahren. Wenn sie an den Tod ihrer Tochter denkt, die so jung und lebendig war, empfindet sie das Leben als ungerecht. »Akzeptieren kann ich Anjas Tod noch immer nicht. Aber ich habe gelernt, damit zu leben, lerne es immer noch. Ganz fertig werde ich damit wohl nie.« Anjas Zimmer sieht fast noch genauso aus, wie sie es verlassen hat. In einer Ecke stehen ihre Inline-Skater. Das Zimmer ist ein wichtiger Ort für Karin, ebenso Anjas Grab. »Ich gehe jeden Tag zum Friedhof. Ich fühle mich Anja dort nah, habe das Gefühl, etwas für sie zu tun, wenn ich das Grab schmücke.«

Auf der Gedenkseite für Anja im Internet ist zu lesen: »Wir denken selten an das, was wir haben, aber immer an das, was uns fehlt.« Darunter sind drei Fotos zu sehen: eines von Karin, eines von ihrem Mann, in der Mitte eines von Anja, auf dem sie lächelt. »Sie hatte immer ein so schönes Lächeln«, sagt Karin, und ihr Blick geht nach innen. Das Bild ihrer Tochter ist auf einem goldenen Oval eingelasert, das sie an einer Kette um den Hals trägt. Karin denkt auch an das, was sie hat: vor allem an ihren Mann, ihre ältere Tochter und andere Menschen, die ihr nahestehen. Aber am meisten denkt sie an Anja. »In meinem Leben ist sie der Mittelpunkt«, sagt sie, »obwohl sie tot ist.«

Der Sinn des Lebens

Hat das Leben einen Sinn? Manche Menschen können aus ihrer eigenen, tiefen Überzeugung heraus auf diese Frage eine klare, konkrete Antwort geben. Andere meinen, es habe keinen Sinn, nach dem Sinn des Lebens zu fragen, weil es keine Antwort darauf gebe. Sinnvoll sei es vielmehr, das Leben zu leben. Das Leben habe keinen Sinn außer dem, den wir selbst ihm geben, schrieb der Schriftsteller Thornton Wilder.

Für die einen liegt der Sinn ihres Lebens darin, eine Familie zu gründen, Nachkommen zu hinterlassen, mit einem Partner in Liebe zu leben und gemeinsam alt zu werden. Anderen ist es am wichtigsten, Karriere zu machen, immer weiter aufzusteigen und den eigenen Besitzstand zu mehren. Wieder anderen ist dieses Streben nach Macht, Reichtum oder Berühmtheit fremd. Sie sehen den Sinn ihres Lebens vielmehr in einer Aufgabe, die sie ausfüllt, in dem Bemühen, nach ihrem Glauben zu leben oder darin, die Welt, in der wir leben, ein wenig besser zu machen. Viele wollen einfach nur Spaß haben und ein möglichst bequemes Leben führen, ohne weiter darüber nachzudenken.

So unterschiedlich die Antworten auf die Frage nach dem Sinn des Lebens sein mögen: Wenn eine geliebte Person stirbt, sehen viele auch den Sinn ihres eigenen Lebens in Frage gestellt. Zahlreiche Menschen, die ich über ihr Leben mit der Trauer befragt habe, sahen sich mit einer großen inneren Leere konfrontiert und Gewissheiten, die sie einmal hatten, in Frage gestellt. »Ich sah keinen Sinn mehr im Leben. Ich hatte Angst vor jedem neuen Tag«, sagte mir ein Mann nach dem Tod seiner Frau. Ein anderer Mann, dessen Frau gestorben war, antwortete mir auf meine Frage, ob das Leben für ihn damals noch einen Sinn hatte:»Ich wusste es nicht. Ich wusste nur, dass es einmal einen hatte.« Eine Frau, deren Mann bei einem Unfall ums Leben kam, erklärte:»Jeder Sinn ist in Frage gestellt. Man fragt sich, was das alles noch soll.«

Viele Betroffene, mit denen ich sprach, entdeckten aber im Lauf der Zeit Menschen oder Aufgaben, die ihr Leben wieder mit Sinn erfüllten. Sei es die Verpflichtung, im Sinne eines gestorbenen Partners weiterzuleben, oder die Verbundenheit mit anderen Personen, die ihnen nahestehen.»Es geht nicht nur um mich«, sagte mir ein Mann nach dem Tod seiner Frau:»Mein Leben hat einen Sinn auch für andere – für Menschen, die auf mich vertrauen.« Besonders berührte mich die Antwort einer Frau, die sich nach dem Tod ihres Mannes ehrenamtlich in einem Altenheim engagierte:»Durch meine Beschäftigung mit alten Menschen war die Sinnlosigkeit, die mich anfangs quälte, plötzlich weg. Es liegt ja so viel Sinn darin, für andere da zu sein.«

Oft scheint es nach einem schweren Verlust undenkbar, dass das eigene Leben jemals wieder einen neuen Sinn erlangen könnte. In dieser Situation sollte man sich um ein wenig Vertrauen in die Zukunft bemühen und sich, auch wenn man selbst nicht mehr weiterleben möchte, klarmachen: Das eigene Leben hat nicht nur Sinn für einen selbst. Es hat auch einen Sinn für andere. Das sollte man niemals vergessen.

Peter S. und seine Frau Daniela auf einem Foto aus glücklichen Tagen.

Ich glaube, dass ich sie wiedersehen werde

Als seine Frau starb, spürte Peter S., dass die Trauer ihn lange begleiten würde. Sein Vertrauen in das Leben hat er nicht verloren. »Die Liebe, die wir teilten, gibt mir Kraft – wie eine Verbindung, die nicht abreißt«, sagt er.

D as Haus hat viele Zimmer. In einem brannte immer ein Licht, wenn Peter S. spätabends am Ende seines Arbeitstags nach Hause kam. Wenn er das Licht sah, war er jedes Mal sehr froh, denn er wusste: Meine Frau ist da, sie wartet auf mich. Dann begann jene Zeit, in der ihn abends kein Licht mehr freundlich empfing – eine dunkle Zeit. Jedes Mal empfand er es wie einen kleinen Stich ins Herz, wenn er sich dem Haus näherte, denn immer wieder wurde er aufs Neue mit der Tatsache konfrontiert: Das Haus ist leer, sie ist nicht mehr da. Peters Frau starb Anfang Januar 2006. Sie wurde nur 39 Jahre alt.

Der Tumor wurde im Sommer 2004 entdeckt. »Von den Ärzten wussten wir, dass es sehr ernst war«, berichtet Peter. »Aber meine Frau und ich waren uns einig: Wir

wollten alles tun, was möglich ist und den Kampf gegen die
Krankheit aufnehmen – Hauptsache, wir sind zusammen.«
Möglich war noch vieles, auch ein gemeinsamer Urlaub in
der Toskana. Peter ging weiter seiner Arbeit nach, obwohl
ihn die Krankheit seiner Frau sehr belastete. »Ich habe in
dieser Zeit gelernt, nicht dauernd nach dem Warum zu
fragen«, sagt er rückblickend. »Ich fragte mich vielmehr:
Habe ich das, was heute zu tun war, auch gut gemacht?«
Die Angst vor dem Abschied, dem Tod seiner Frau, war da.
Aber auch die Hoffnung, es noch einmal zu schaffen. Und
da war auch eine neue, noch tiefere Art der inneren Verbindung, die die Angst in den Hintergrund drängte.

»Ich hatte während der Krankheit meiner Frau das Gefühl, dass uns jeder gemeinsame Tag mehr zusammen-
schweißte. Wir lernten, weniger mit Worten und mehr
mit dem Herzen zu sprechen«, sagt er. Die letzten Tage
ihres Lebens verbrachte Daniela im Krankenhaus. Peter
war rund um die Uhr bei ihr. Als sie gestorben war, konnten er und Danielas Familie sich in Ruhe von ihr verabschieden. Schlimm war es, allein nach Hause zu fahren in
das gemeinsame Heim, das sie nie mehr betreten würde.
Das Haus war noch voller Zeugnisse des gemeinsamen
Lebens, die den Tod Lügen zu strafen schienen.

Nach dem Tod seiner Frau versuchte Peter bewusst von
Tag zu Tag zu leben, wie er es schon während der Zeit ihrer
Krankheit getan hatte. Er ging weiter zur Arbeit. »Wenn

ich gemerkt hätte, es geht nicht, hätte ich mir eine Auszeit genommen. Aber es ging«, sagt er. Zu Hause war er mit sich und seiner Trauer allein. All die persönlichen Dinge seiner Frau waren noch da, aber sie selbst war nicht da und würde auch nie mehr zurückkommen. Stattdessen Stille und Schweigen.»Die Trauer drückte die Decke herunter, und an der weißen Wand stand Ratlosigkeit«, sagt Peter.

Es war ein Spagat, den der damals 41-Jährige zu leisten hatte. Er musste mit seinem Leben ohne Daniela zurechtkommen – und er wollte weiter für andere da sein.

Peter arbeitet als Gemeindereferent in der kirchlichen Kinder-, Jugend- und Familienarbeit. Er begleitet als Seelsorger auch Kranke, Sterbende und ihre Angehörigen.»Nach dem Tod meiner Frau fragte ich mich oft, was ich mir

>»Ich glaube, dass Daniela auf mich aufpasst«
Peter S.
nach dem Tod seiner Frau

jetzt selbst als Seelsorger sagen würde«, berichtet Peter.

Der Glaube kann helfen, Leid zu tragen, doch er nimmt den Schmerz über den Tod eines geliebten Menschen nicht einfach weg. Peter spürte, dass ihn die Trauer lange beschäftigen würde. Er wusste, er stand erst am Anfang.»Ich sagte mir: Ich will die Trauer langsam in mich hineinsickern, nicht wie einen Sturzbach über mich kommen lassen. Und zu meiner Trauer sagte ich: Ich lasse dich bei mir leben. Aber lass du mich auch leben.« Das

Leben ist schön, aber manchmal erscheint es nur noch als Zumutung. »Man mutet uns zu, zu leben«, sagt Peter. »Mir ist durch die Krankheit meiner Frau viel zugemutet worden. Ich habe es ausgehalten. Und ich sagte mir: Ich werde auch die Trauer aushalten.«

Peter glaubt an ein Leben nach dem Tod. Und er glaubt fest daran, dass er seine Frau irgendwann wiedersehen wird. Manchmal fragt er sich sogar, ob das, was ihn quält, Trauer ist oder Ungeduld. »Trauere ich um meine Frau? Oder bin ich einfach nur zu ungeduldig, weil es mir zu lange dauert, bis ich sie wiedersehe? Oft kann ich das kaum auseinanderhalten«, sagt er.

Das Leben ist völlig anders, wenn der Partner fehlt. Die große Freude ist aus dem Leben weggenommen. Peter bemühte sich daher, dass es jeden Tag etwas Kleines gab, worauf er sich freuen konnte. »Die Trauer hat viel Kraft. Aber ich wollte mich von dieser Kraft nicht lähmen lassen.« Der 43-Jährige spürte einen »gesunden Trotz« in sich, der ihm dabei half, der Trauer entgegenzutreten. Auch wenn es ihm schlecht ging, versuchte er, Dinge zu tun, die zu tun waren oder die er für wichtig hielt: Gespräche zu führen, Gottesdienste zu halten oder einfach einmal etwas Neues auszuprobieren – den Besuch eines japanischen Kochkurses zum Beispiel. Durch die Krankheit und den Tod seiner Frau sei ihm auch noch klarer geworden, worauf es bei seiner Arbeit als Seelsorger wirklich ankommt.»Ich versuchte, noch mehr Zeit für die Menschen zu haben, weniger Zeit mit Sitzungen und anderen Terminen zu vertun.«

Wer trauert, ist dankbar für Zeichen menschlicher Nähe. Peter hat viele solcher Zeichen erfahren dürfen. Als er nach dem Tod seiner Frau wieder zum Unterricht in die Schule ging, schenkte ihm seine Klasse ein »Wünsche-Buch«. Jedes Kind hatte darin eine Seite gestaltet, Bilder gemalt und gute Wünsche dazu geschrieben, zum Beispiel: »Ich wünsche Ihnen, dass Sie wieder Freude am Leben finden.« Seine und Danielas Familie waren und sind eine wichtige Stütze für ihn:»Ich bin weiter Teil des Ganzen, auch ohne sie«, sagt er. Die gemeinsamen Freunde ließen ihn wissen, dass er nicht allein ist und halfen ihm durch ihre Anrufe, Briefe oder Besuche.

Der Glaube an Gott und daran, dass mit dem Tod nicht alles vorbei ist, trug Peter durch viele schwere Stunden.»Ich glaube, dass Gott da ist«, sagt er.»Manchmal schimpfe ich mit ihm, beklage mich. Und ich bitte ihn, mir die Kraft zu geben, mein Leben weiterzuleben.« Seit seine Frau krank wurde führt er eine Art Tagebuch, in dem er festhält, was ihn bedrückt, was ihn freut, was ihm durch den Kopf geht.»Das entlastet, nimmt etwas von dem Druck weg«, sagt er. Auch das Weinen hat ihm geholfen.»Viele können nicht weinen. Ich bin froh, dass ich es kann. Das erleichtert.«

Unter all den Sprüchen, mit denen ihn gutmeinende
Menschen nach dem Tod seiner Frau zu trösten versuchten, waren auch manche, die das Gegenteil bewirk-
ten. Sprüche wie zum Beispiel:»Jetzt ist sie erlöst.« Die
meisten kannte er schon aus seiner Arbeit als Seelsorger,
weil ihm Trauernde gesagt hatten, wie sehr sie solche Bemerkungen anderer Menschen ärgerten. Sie waren ihm
daher vertraut, verletzten ihn nicht. Auch mit dem Satz,
er möge bald über den Tod seiner Frau»hinwegkommen«, konnte er wenig anfangen.»Ich will gar nicht darüber hinwegkommen«, sagt er.»Ich möchte nur, dass es
nicht mehr so weh tut, an sie zu denken.«

Was macht das Leben nach einem schweren Verlust
lebenswert? Zum einen die Erinnerung an das, was gewesen ist.»Es war ein Geschenk, dass ich viele Jahre
zusammen mit meiner Frau sehr glücklich war. Es gibt
viele Menschen, die ein solches Glück nicht erfahren. Wir
wussten um unser Glück, und wir waren dankbar dafür.«
Er betrachte es auch als Gnade, trotz seiner Trauer weiter
als Seelsorger für Menschen dasein zu können, sagt Peter.
Nicht zuletzt ist es die Gemeinschaft, in die er sich ein-
gebunden fühlt:»Ich spüre jetzt noch stärker, wie viele
Menschen mir zugetan sind. Ich spüre, was ich all diesen
Menschen bedeute, und was mir diese Menschen bedeuten. All das macht das Leben lebenswert.« Peter S. fühlt
sich nicht entwurzelt, sondern gut aufgehoben.»Ich glau-

be, dass Daniela auf mich aufpasst«, sagt er. »Ich glaube auch, dass ich sie wiedersehen werde. Wir haben uns sehr geliebt, und es ist für mich unvorstellbar, dass das alles ganz vorbei sein soll. Ich habe oft das Gefühl, sie ist da, auch wenn ich sie nicht sehen kann. Die Liebe, die wir teilten, gibt mir weiterhin Kraft – wie eine Verbindung, die nicht abreißt.«

Neben dem Haus, das Peter nun allein bewohnt, liegt ein Garten, in dem sich Daniela gerne aufhielt. Blumen wachsen dort, Früchte und Kräuter. Die ersten Male, als er nach Danielas Tod im Garten arbeitete, fragte er sich noch: Was mache ich hier eigentlich? Inzwischen ist die Gartenarbeit für ihn wie eine weitere Verwurzelung im Leben.

Irgendwann hat Peter damit begonnen, Danielas Arbeitszimmer auszuräumen, Kleider auszusortieren und wegzugeben. Viele Schubladen schob er auch wieder zu, weil er nicht mehr weitermachen konnte. Die Trennung von persönlichen Gegenständen eines geliebten Menschen, die meist mit vielen Erinnerungen verbunden sind, tut weh. Ein ganzes Leben wird auf diese Art aufgeräumt, weggeräumt. Manchmal aber, sagt Peter, habe er auch das Gefühl: »Je mehr ich äußerlich von ihr loslasse, umso mehr richtet sie sich in meinem Herzen ein.«

Der Weg durch die Trauer

Über die Zeit ihrer tiefen Trauer schrieb die Dichterin Marie Luise Kaschnitz in ihrem Buch »Wohin denn ich«, Jahre nach dem Tod ihres Ehemannes: »Eines Tages bin ich zurückgekommen, zurück woher, werde ich später erzählen, jetzt nur so viel, dass ich fort war, lange und weit fort.« Trauernde sind innerlich manchmal weit fort, obwohl sie äußerlich mitten unter uns sind. Es dauert oft lange, bis sie den Weg durch die Trauer gegangen und wieder bereit sind, wirklich am Leben teilzunehmen.

Trauer verursacht großes seelisches Leid. Trauer ist kräftezehrend. Trauer geht an die Substanz. Wer mit dem Tod eines geliebten Menschen leben muss, zieht sich oft zurück, ist sehr viel mehr mit sich selbst und seinem Verlust beschäftigt als mit der Welt um sich herum. Die Trauer verändert das Leben von Grund auf. Nach dem Tod einer geliebten Person ist fast nichts mehr, wie es war. Das Leben erscheint vielen nicht mehr als Geschenk, sondern als Zumutung.

Trauernde hören oft den gut gemeinten Spruch: »Das Leben geht weiter.« Für viele ist diese Bemerkung kein Trost – sie klingt in ihren Ohren eher wie Hohn. Denn das Leben der geliebten Person, die gestorben ist, geht ja eben nicht weiter, und wie sie selbst weiterleben sollen, wissen sie oft nicht. Und dennoch finden fast alle Menschen irgendwann einen Weg, mit ihrer Trauer zu leben. Wie, davon haben die Texte in diesem Buch berichtet. Sie haben ganz unterschiedliche Personen vorgestellt und ihren Weg durch die Trauer beschrieben. Die Erfahrungen all der Menschen, die bereit waren, über ihren Verlust zu sprechen, zeigen, dass es viele Möglichkeiten gibt, der Trauer zu begegnen und oft auch wieder zu einem erfüllten Leben zurückzufinden.

Um auf Marie Luise Kaschnitz zurückzukommen, die ich zu Beginn zitierte mit dem Satz, dass sie eines Tages zurückgekommen ist, nachdem sie fort war, lange und weit fort: Trauernde sind innerlich manchmal weit fort, und sie sind es oft sehr lange. Sie sind es nicht aus freien Stücken, sie wären lieber in ihrem alten Leben, so wie früher. Aber das alte Leben existiert für sie nicht mehr. Alles ist anders. Tod und Trauer haben sie auf diesen neuen, beschwerlichen und oft langen Weg geführt, den sie jetzt gehen müssen. Trauernden hilft es nicht, wenn sie auf diesem Weg zur Eile gedrängt werden. Aber es hilft ihnen, wenn sie Menschen finden, die ihnen nicht aus dem Weg gehen, sondern sie ein Stück auf ihrem Weg begleiten.

Vielen hilft es darüber hinaus, die tröstliche Erfahrung zu machen, dass ihre Liebe zu Personen, die gestorben sind, lebendig bleibt. Davon berichtet auch der letzte Text dieses Buches.

Bleibende Nähe: Maria B. schreibt ihrer toten Tochter Briefe.

Die Sehnsucht ist über all die Jahre geblieben

Maria B. ist 83 Jahre alt. Sie hat schon viele Angehörige verloren. Am meisten vermisst sie ihre Tochter Anne. Wenn die Sehnsucht besonders groß wird, schreibt sie auf, was sie bedrückt, und ein innerer Dialog beginnt.

Die Toten sind tot, aber für viele bleiben sie weiter ein Teil ihres Lebens. »Dein Foto vor mir, eine Kerze brennt, und ich halte Zwiesprache mit dir. Alles lässt man Revue passieren und alles dreht sich um das gleiche Thema. Wieso? Warum?? Bald werde ich die Antwort wissen, meine Lebensuhr wird bald abgelaufen sein.« Maria B. schreibt ihrer Tochter Briefe, so als ob sie sie noch lesen könnte. Sie wendet sich an sie auf diese Weise, weil sie nicht mehr mit ihr sprechen kann. Maria B. ist 83 Jahre alt. Ihre Tochter Anne war 46, als sie starb. Fast elf Jahre sind seitdem vergangen.

An der Wand in Marias Wohnzimmer hängen viele gerahmte Fotos von Menschen, die noch leben, und von Menschen, die schon tot sind. Darunter ein Bild von

Marias Eltern, eines von ihrer Stiefmutter und drei von ihrer Tochter Anne. Wenn sie morgens an den Fotos ihrer verstorbenen Angehörigen vorbeigehe, erzählt die 83-Jährige, schicke sie ihnen im Geist oft gute Gedanken. Gedanken wie: »Ich hoffe, es geht euch gut dort, wo ihr jetzt seid.«

Ihre Tochter wirkt auf den Fotos nachdenklich, aber offen und herzlich – wie eine Frau, die gerne lebt und mit sich und der Welt um sich herum im Reinen ist. Man sieht ihr nicht an, dass sie an Depressionen litt. Anne sei gescheit gewesen, aber auch sehr sensibel und scheu, sagt Maria B. Sie habe es schwer gehabt im Leben. Als sie 18 war, heiratete sie. Sie wollte weg von daheim. Das Verhältnis zu ihrem Vater war sehr schwierig. Aber die Ehe brachte ihr kein Glück. Die Liebe, die sie sich erhofft hatte, bekam sie nicht. Ihr Mann behandelte sie schlecht. Er hatte keine Arbeit, machte krumme Geschäfte, schlug sie auch. »Mutti, ich kann nicht mehr«, habe ihre Tochter schon damals gesagt, erinnert sich Maria.

Nach zwei Jahren ließ sich Anne scheiden. Einige Zeit lebte sie allein. Dann heiratete sie erneut. Die Beziehung zu ihrem zweiten Ehemann sei gut, aber auch nicht immer ganz leicht gewesen, sagt Maria. Anne bekam eine Tochter, die sie sehr glücklich machte. Aber die Schwermut holte sie immer wieder ein. Nach einem Suizidversuch wurde sie vier Wochen lang in einer psychiatrischen Klinik behandelt. Anschließend trat sie einen Kuraufenthalt an. Im letzten Brief an ihre Mutter schrieb Anne:»Meine Kur beginnt am 7. November. Ich erhoffe mir viel davon.«

Es war ein kalter Wintertag, als Marias Tochter die Kurklinik verließ. Vielleicht wollte sie wegfahren. Vielleicht auch nicht. Am Nachmittag saß sie lange auf einer Bank vor dem Bahnhof, wie Augenzeugen später erklärten. Als sie am Abend noch nicht zurück war, wurde sie vermisst gemeldet. Erst am frühen Morgen des nächsten Tages wurde sie an einer abgelegenen Stelle in der Nähe des Bahnhofs tot aufgefunden. Sie war erfroren. Die Außentemperaturen in der Nacht hatten damals minus vier Grad betragen.

>»Ich schreibe mir von der Seele, was mich bedrückt«
Maria B.
über ihre Trauer

An den Augenblick, als sie vom Tod ihrer Tochter erfuhr, erinnert sich Maria noch sehr gut.»Als ich hörte, Anne ist tot, schloss ich die Augen und schrie wie verrückt«, sagt sie.»Als ich meine Augen wieder öffnete, hatte ich keine Tränen. Ich konnte nicht weinen, nur schreien.« Nach dem Schock und dem lähmenden Entsetzen, das sie damals packte, kam die Trauer. Sie begleitet sie auch heute, fast elf Jahre später, noch immer.»Durch den Tod meiner Tochter wurde ein Stück von mir selbst weggerissen. Das fehlt mir seitdem«, sagt die 83-Jährige.

»Als sich Annes Todestag zum ersten Mal jährte, es war wieder ein kalter Wintertag, wollte ich auf die gleiche Weise sterben wie sie. Meine innere Stimme hielt mich zurück. Aber meine Sehnsucht nach Anne ist über all die Jahre geblieben.«

Maria B. lebt alleine in ihrer Wohnung. Ihr Mann ist schon vor 15 Jahren gestorben, vier Jahre vor ihrer Tochter. Anne war nicht ihr einziges Kind. Die 83-Jährige hat noch einen Sohn und eine Tochter. »Ich hatte immer Menschen zum Reden«, sagt sie. »Meine Kinder, Freunde und Geschwister: Sie haben mir alle geholfen.« Viele Bücher über Trauer hat Maria gelesen in den langen Jahren nach dem Tod ihrer Tochter. Sie hat sich mit den Erfahrungen anderer Menschen beschäftigt, die ihr das Gefühl vermittelten, mit ihrem Leid nicht allein zu sein. Reden, lesen und beten – das alles sei wichtig für sie gewesen, sagt Maria. »Immer wieder sage ich mir: Gott hat Anne in seine Arme geschlossen. Wo könnte sie besser aufgehoben sein?« Maria klammert sich an ihren Glauben. »Woran soll man sich denn sonst klammern?«, fragt sie. Und wenn gar nichts mehr hilft, die Sehnsucht über sie kommt und Trost so fern ist wie ein winziger Punkt am Horizont, dann setzt sie sich hin und schreibt ihrer Tochter einen Brief.

Viele solcher Briefe hat sie schon geschrieben, den ersten einige Jahre nach Annes Tod. »Ich konnte nachts nicht schlafen. Das Grübeln fing an und hörte nicht mehr auf. Da sagte ich mir: Alles, was dir jetzt durch den Kopf geht, das schreibst du auf und erzählst es Anne.« So fing es an. »Ich werde innerlich freier, wenn ich schreibe«, sagt Maria. »Ich schreibe mir alles von der Seele, was mich bedrückt.« Oft entwickelt sich in ihr sogar ein Dialog, wenn sie an ihre Tochter denkt. »Ach Anne, ich bin so traurig, dass ich nicht zum Friedhof fahren kann«, fängt einer ihrer Briefe an. »Mutti, warum?«, geht er weiter: »Dort liegt doch nur meine Hülle, meine Seele ist um dich herum. Ich bin dir nah, auch wenn du mich nicht siehst. Hörst du nicht tief in dir meine Antworten auf deine Fragen? Spürst du nicht, dass ich dich trösten möchte? Mutti, warum weinst du denn jetzt? Du weißt doch, dass ich da bin, dass es mir gut geht.«

Schon viele Gedanken habe sie so zu Papier gebracht, sagt Maria – wenn niemand da war, mit dem sie sprechen konnte, oder wenn sie niemandem mit ihren Sorgen zur Last fallen wollte. Manchmal sei das Schreiben wie ein Gespräch, durch das sie spüre, wie stark die Verbindung zu ihrer Tochter noch immer ist. »Ich weiß nicht, wo die Antworten, die ich erhalte, herkommen. Sie sind auf einmal einfach da.«

»Nun sind schon neun Jahre vergangen, seit du nicht mehr bei mir bist. Gerade heute ist es sehr kalt, minus sieben Grad – wie sehr wirst du gefroren haben«, ist in einem Brief zu lesen, den Maria am neunten Todestag ihrer Tochter geschrieben hat. »Jetzt höre ich dich sagen: Ach Mutti, alles vorbei. Ich bin gut aufgehoben. Mach dir keine Sorgen. Es sollte so sein, frage nicht, warum. Viele Menschen stellen diese Frage, Antwort bekommst du erst, wenn auch du am Ziel bist.« Eigentlich müsste man den Tod als Freund begrüßen, sagt Maria: »Nur, wer kann das schon?«

Maria träumt auch von ihrer Tochter. Oft steht Anne in diesen Träumen am Bahnhof und fährt fort, und Maria kann sie nicht mehr einholen, weil sie schon zu weit weg ist. Trotzdem ist ihr Anne auch in Träumen ganz nah. Näher als alle anderen Menschen, deren Tod sie betrauert. Und das sind viele. Als ihr kleiner Bruder starb, war die heute 83-Jährige selbst noch ein Kind. »Ich war erst fünf. Mein Vater hat damals den Sarg noch selbst gezimmert. Mein Bruder sah aus wie ein kleiner Engel, als er darin lag«, erinnert sie sich.

Als sie 16 war, starb ihre Mutter. Maria war das älteste von acht Kindern, das jüngste erst vier Wochen alt. Es war das erste Mal, dass sie erfuhr, was Trauer bedeutet. »Es war richtig schlimm. Nach dem Tod meiner Mutter dachte ich, die Welt stürzt ein«, sagt Maria. Ihr Vater, der mit den acht Kindern zurückblieb, war untröstlich und musste doch für seine Familie weiterleben. Einmal sah Maria, wie er mitten in der Nacht allein in der Küche auf dem Boden lag und weinte.

Fünf Jahre später heiratete ihr Vater erneut. Ihre Stiefmutter sei eine herzensgute Frau gewesen, erzählt Maria. Viele Jahre später, nach dem Tod von Marias Vater, nahm sie sich das Leben. Marias Mann starb vor 15 Jahren. Sieben Jahre nach ihrer Tochter Anne starb auch ihr Schwiegersohn. Marias Enkelin war neun Jahre alt, als ihre Mutter starb, und 16, als sie ihren Vater verlor. »Man kann sich gar nicht vorstellen, wie schlimm das alles für das Mädchen war«, sagt Maria. Aber das ist wieder eine andere Geschichte. Eine von so vielen Geschichten, die den Rahmen dieses Berichts sprengen würden.

»Jeder Tod, jedes Abschiednehmen, jede Trauer war anders«, sagt Maria. Am schmerzlichsten empfand sie den Tod ihrer Mutter und den ihrer Tochter. »Ich habe fast alles schon mitgemacht«, sagt sie. »Was soll denn jetzt noch kommen? Höchstens, dass ich verrückt werde.«

Die 83-Jährige lebt heute allein. Aber sie fühle sich nicht allein, sagt sie. Zum einen pflegt Maria viele Kontakte. Zum anderen sind die Toten für sie noch gegenwärtig. Besonders Anne. Wenn das Bedürfnis, mit ihr zu sprechen, wieder sehr groß wird, schreibt ihr Maria einen Brief. Der Dialog zwischen ihr und Anne werde sich bis zum Ende ihres eigenen Lebens fortsetzen, sagt sie.

Die Liebe knüpft Verbindungen im Leben und über den Tod hinaus. Maria spürt eine starke Verbindung zu den Menschen, die sie liebte, auch wenn sie schon lange tot sind. Eine Verbindung, die mit der Zeit nicht schwächer, sondern eher stärker wurde, sagt sie. In einem Gebet, das ihr viel bedeutet, findet sich der Satz: »Wer wirklich liebt, dessen Leben wandelt sich schon vor seinem Sterben in ein Leben mit den Toten.« Die Toten sind tot, und sie sind doch weiter ein Teil von Marias Leben. »Ich spüre, ich bin auf dem Weg zu ihnen«, sagt die 83-Jährige, »auf einem Weg, der immer kürzer wird.«